JN316719

大橋由香子
OHASHI Yukako

満心愛の人

フィリピン引き揚げ孤児と育ての親

益富鶯子と古謝トヨ子

インパクト出版会

満心愛の人　益富鶯子と古謝トヨ子

目次

フィリピン引き揚げ孤児と育ての親

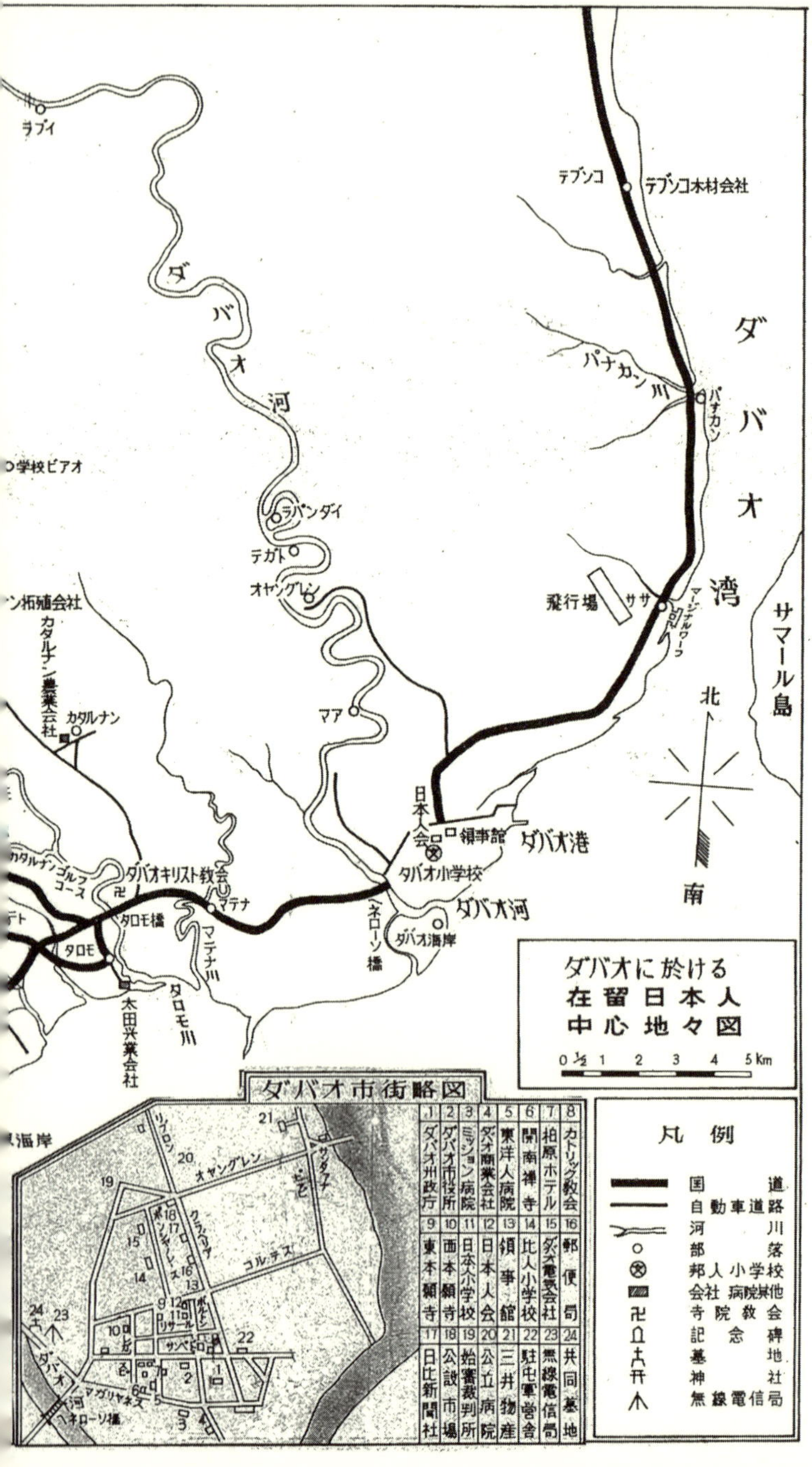

ダバオに於ける
在留日本人
中心地々図
0 ½ 1 2 3 4 5 Km
北
南
ダバオ湾
サマール島
ダバオ河
ラプイ
テブンコ
テブンコ木材会社
パナカン川
パナカン
ラパンダイ
テガト
オヤングレン
飛行場
ササ
マージナルワーフ
マア
学校ビアオ
カタルナン拓殖会社
カタルナン農業会社
カタルナン
カタルナンゴルフコース
ダバオキリスト教会
マテナ
マテナ川
タロモ橋
タロモ
タロモ川
太田興業会社
日本人会
領事館
ダバオ港
ダバオ小学校
ネローソ橋
ダバオ海岸
ダバオ河
海岸
ダバオ市街略図
リブロン
サンタアナ
オヤングレン
コルテス
ボンファシーレス
クラベリア
ボルトン
リサール
サンペドロ
マガリャネス
ダバオ河
ネローソ橋
1 ダバオ州政庁
2 ダバオ市役所
3 ミッション病院
4 ダバオ商業会社
5 東洋人病院
6 開南禅寺
7 柏原ホテル
8 カトリック教会
9 東本願寺
10 西本願寺
11 日本人小学校
12 日本人会
13 領事館
14 比人小学校
15 ダバオ電気会社
16 郵便局
17 日比新聞社
18 公設市場
19 始審裁判所
20 公立病院
21 三井物産
22 駐屯軍営舎
23 無線電信局
24 共同墓地
凡例
国道
自動車道路
河川
部落
邦人小学校
会社 病院其他
寺院教会
記念碑
墓地
神社
無線電信局

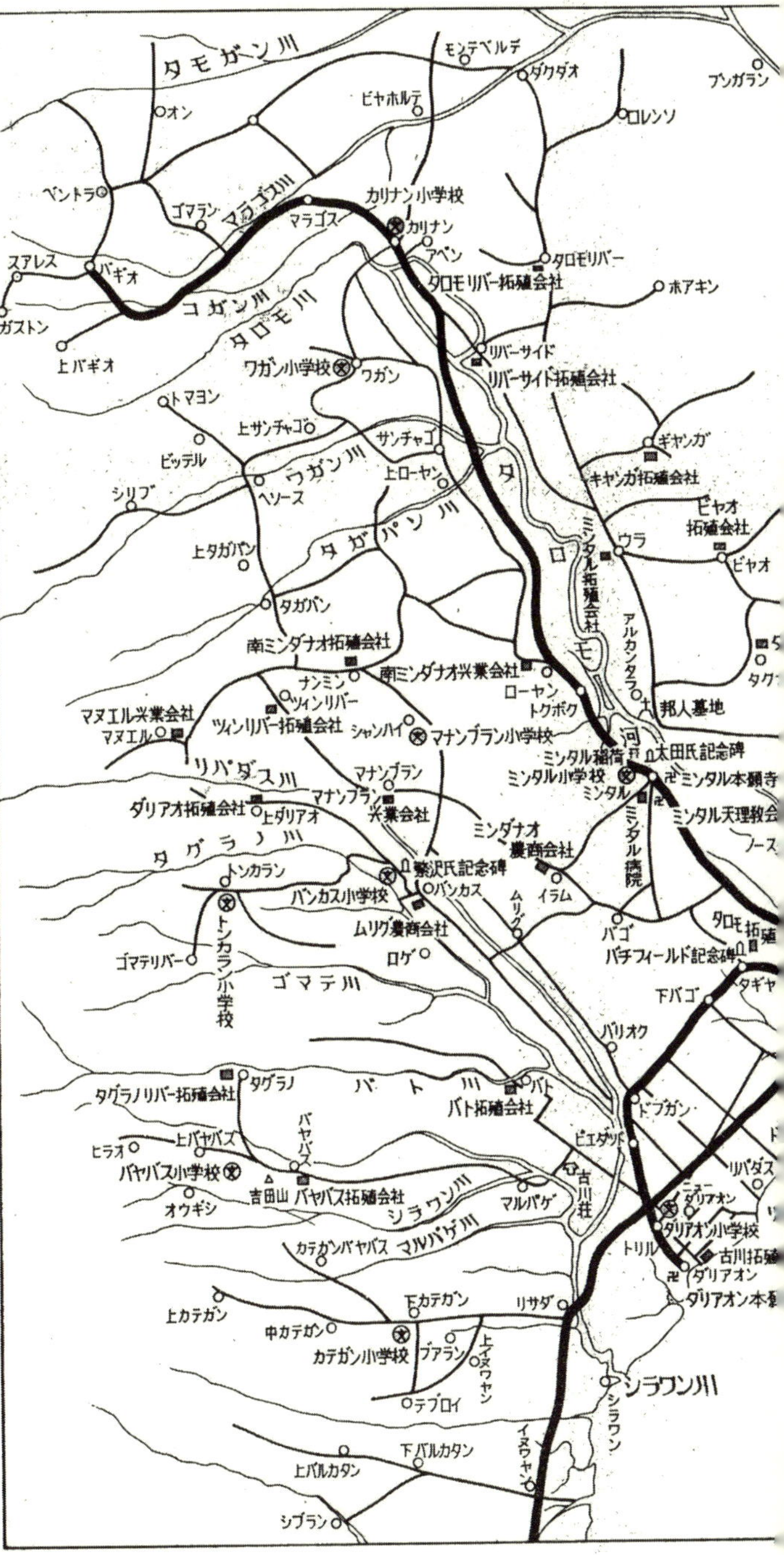

タモガン川
モンテベルデ
ダクダオ
ブンガラン
ビヤホルテ
オン
ロレンソ
ベントラ
ゴマラン
マラゴス川
カリナン小学校
マラゴス
カリナン
アベン
スアレス
バギオ
タロモリバー
タロモリバー拓殖会社
ホアキン
ガストン
コガン川
タロモ川
上バギオ
リバーサイド
リバーサイド拓殖会社
ワガン小学校
ワガン
トマヨン
上サンチャゴ
ギャンガ
サンチャゴ
ビッテル
ワガン川
キャンガ拓殖会社
上ローヤン
ヘソース
シリブ
タ
タガパン川
ビヤオ
拓殖会社
ミンタル拓殖会社
上タガバン
ウラ
ロ
ビヤオ
タガバン
アルカンタラ
南ミンダナオ拓殖会社
モ
南ミンダナオ興業会社
ナンミン
ローヤン
ツインリバー
トクボク
マヌエル興業会社
ツインリバー拓殖会社
邦人墓地
シャンハイ
マナンブラン小学校
マヌエル
河
ミンタル稲荷
太田氏記念碑
リバダス川
マナンブラン
ミンタル小学校
ミンタル本願寺
マナンブラン
ミンタル
興業会社
ダリアオ拓殖会社
上ダリアオ
ミンタル天理教会
ミンダナオ
ミンタル病院
タグラノ川
農商会社
繁沢氏記念碑
トンカラン
バンカス
イラム
バンカス小学校
ムリグ
トンカラン小学校
ムリグ農商会社
バゴ
タロモ拓殖
バチフィールド記念碑
ゴマテリバー
ロゲ
ゴマテ川
下バゴ
バリオク
タグラノ
バト川
バト
タグラノリバー拓殖会社
バト拓殖会社
ドブガン
上バヤバス
ピエダッド
バヤバス
ヒラオ
バヤバス小学校
吉田山
バヤバス拓殖会社
古川荘
リバダス
オウギシ
シラワン川
マルバゲ
ニューダリアオン
ダリアオン小学校
マルバゲ川
カテガンバヤバス
トリル
古川拓殖
ダリアオン
ダリアオン本願寺
下カテガン
リサダ
上カテガン
中カテガン
カテガン小学校
ブアラン
上イヌワヤン
シラワン川
テブロイ
シラワン
下バルカタン
上バルカタン
イヌワヤン
シブラン

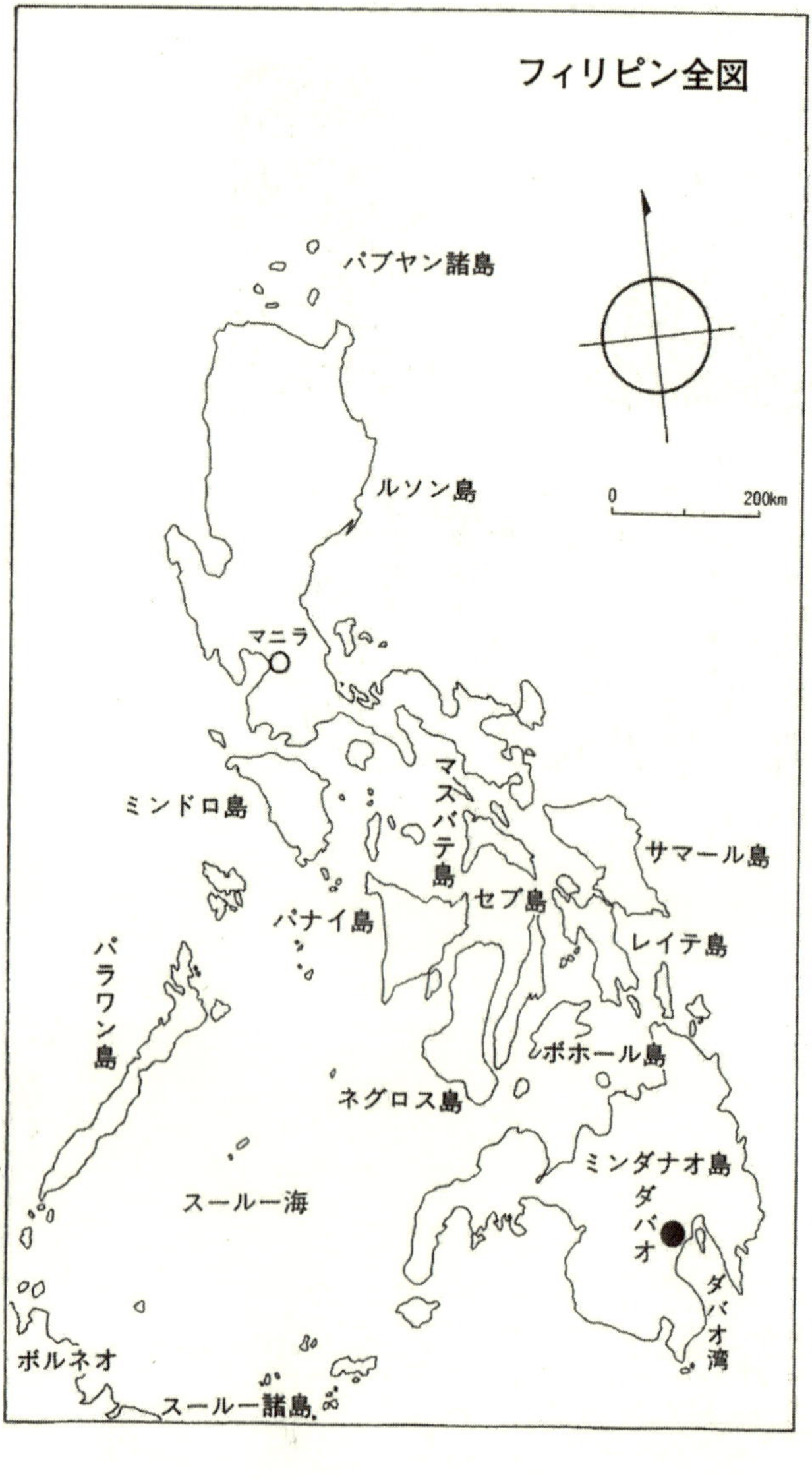

フィリピン全図
パブヤン諸島
ルソン島
0
200km
マニラ
ミンドロ島
マスバテ島
サマール島
セブ島
パナイ島
レイテ島
パラワン島
ポホール島
ネグロス島
ミンダナオ島
ダバオ
スールー海
ダバオ湾
ボルネオ
スールー諸島

1　フィリピンで生まれて

沖縄から移民した両親

「今思うと、けっこう数字を覚えているんですね。きょうだいの生年月日も、自分の家の住所も。表札をいつも見ていたせいか、覚えちゃったんでしょうね」と古謝トヨ子はいう。その住所とは、「フィリピン群島ミンダナオ島カリナン市バギオ耕地１０３番地」
誕生日は、一九三一（昭和六）年十一月十五日と、一九三四（昭和九）年三月十二日とふたつあり、五人のきょうだいの生年月日も覚えている。自分の生まれた日がふたつあるのは、妹・利子《としこ》の存在がかかわっている。

トヨ子はフィリピンで生まれたが、父の古謝世次郎は、沖縄の嘉手納に生まれた。母、ウシも沖縄生まれで父と結婚。やがて娘が生まれた。そのころ、百姓をしていた父は、フィリピンに出稼ぎに行った兄やいとこを追って、自分もフィリピンに出稼ぎに行く。もと

成育６カ月の麻（『ダバオ国の末裔たち──フィリピン日系棄民』天野洋一著）

もと沖縄とフィリピンは貿易で交流があったが、一九〇〇年ごろからフィリピンでのマニラ麻栽培を日本人が担うようになっていた。

世次郎は、まずは自分ひとりで出かけて仕事と生活のメドを立ててから、妻と娘を呼び寄せようと思っていた。

ところが、フィリピン行きに反対だった世次郎の両親は、その後、妻のウシがフィリピンに渡るとき「せめて孫は連れていかないで」と懇願する。そこでウシは娘を沖縄に置いていくことになった。

フィリピンに来てから、世次郎とウシの間に次女トミ子が生まれたが、八カ月のころ病気で亡くなってしまう。そのあと生まれたトヨ子を、両親はどれだけ歓迎したことか。子煩悩だった世次郎は、とくにかわいがった。続いて、女の子が三人（利子、清子、和子）、男の子がふたり生まれ（世旭、世喜）、八人家族となった（フィリピンで生まれたトヨ子を長女と表現する）。

「マニラ麻はフィリピンではアバカといいますが、芭蕉やバナナの木と似ていて、大人の背丈の三倍くらい。一株が四、五本かたまりで、三メートルおきに植わっていて、うっそうとした中を一人で歩くのが好きでしたね」

景色も何もかも、日本とは違っていた。とはいえ、当時のトヨ子は、日本の風景を知っていたわけではない。

手挽きで繊維の抽出をする（天野前掲書より）

収穫した麻から糸を作るのは、きつい仕事だ。日本人が麻農園を経営し、フィリピンの地元の人や、沖縄の若者を採用して雇っていた。

「スンキドールは葉っぱを切る人。トンドールはそれを並べていく人。直径二四・五センチのアバカを、ねぎをむくようにして、一枚一枚の皮を薄くむいていくんです。現地の人は、うすべり（ござ）にちょっとした着替えを入れて、くるっと巻いてそれを背中にし

麻は１年半から２年で成熟株となり、生え際から伐採する（天野前掲書より）

ょって、『アーモー』とやってくるんです。十代の子どもを連れた男性もいましたね。父は面接をして、まじめそうな人だと雇います。ボホールやビサーヤから働きに来ていました」

彼らは、隣の部屋で食事をするが、スプーンは使わず四本の指先に食べ物をのせ、親指を使ってじょうずに口に入れていた。とても器用にしかも美味しそうに食べているので、それを見たトヨ子は、一度まねしてやってみた。そのとき、父はトヨ子の手をたたいて注意した。

いつもは優しい父だった。歌が好きで三味線も上手。月の光のもとでトヨ子が小学校で習った音楽を弾いてくれた。

トヨ子が住んでいた麻畑の家には、電気もガスも水道もなかった。夜はランプと月の光。暑いので暖房はいらないし、雨水をためる大きなタンク（タンキと呼んでた）が何個かあり、その水で料理や洗い物をしていた。とくに不便は感じず、毎日が楽しかった。

「母は何も言わずに見ているかんじの人でしたが、近所の人がお産のときや病気のときに相談に来ていたので、面倒見が良かったんでしょうね。職人さんたちの食事の世話、私たち子どもにも食べさせて、ミシンで洋服をつくって着せてくれました。雨で仕事ができないときは、ドーナツなどのお菓子を作って、コーヒーをいれて、楽しかったのを覚えています」

農場で働く現地の人のほかに、バゴボ族が近くに住んでいた。

「絶壁の下に川が流れていて、その下のほうの中州みたいなところに住んでいる人たちがいて、上のほうからみると小人みたいに見えたんですね。小さいとき母親に『あの人たち、うちに連れてきて、おうちに入れてあげよう』と言ったらしいです。バゴボ族は、鈴やスパンコールの刺繍をつけた衣装で、男性のほうが派手に飾るんです。酋長さんはターバンみたいなのを頭に巻いて。あとで日本に来て大仏様の耳たぶに大きな穴があいているのをみたとき、『あ、バゴボと同じだ』と思いましたね」

バゴボ族。（『ダバオ開拓記』より）

酋長や地主など豊かで地位のある人ほど、男性が大きな象牙のイヤリングをしていた。トヨ子は好奇心が強く、バゴボ族に興味津々。細い竹の茂みにはいつくばって、川の中州にいる彼らの姿を不思議に感じながら眺めるのが好きだった。だが、三番目の妹・清子は、手や足首につけた鈴の音がしただけで、怖がって逃げていた。

「私はバゴボ族の子どもたちとも喋ってました。何語でしゃべってたのかしら？ Bagoboの言葉がカタコトでわかったんでしょうね」

子ども同士は、言葉が通じなくても、身振り手振りで意外とコミュニケーションできるものだ。

とはいえ、バゴボ族に間違えられると、うれしくないトヨ子だった。学校帰りの乗り合いタクシーで、フィリピンの憲兵に「君の母親はバゴボ族か？」と言われたことがあり、「なんで私だけ色が黒いの？」と母親に文句をいった。ほかのきょうだいは、そうでもないが、トヨ子と利子は色が黒かった。母は、「誰でも娘さんになると、色が白くなって美人になってお嫁さんに行くのよ」と慰めてくれた。

それでトヨ子は納得していた。

フィリピンの麻畑で

トヨ子たちが住んでいたのは、マニラ麻の畑が生い茂り、ところどころに住宅とマキナ小屋（麻から糸をとる機械［マキナ＝マシーンのスペイン語］のある小屋）がある郊外だった。

一方、市街地は電気も通っていて、お店や学校、病院などがあり、スペイン支配時代の影響を感じさせる洋風建築もあった。バギオやカリナンの日本人町には、大田株式会社などの日本人のお店と中華料理店などがあった。休みの日には、家族で食事に行くこともあった。

「でも私は、中華料理屋さんの散らかった床板が気になって、中に入れなかったんです。神経質で、ハエが飛んでいただけで食べられないような子どもでした。衛生状態が悪い時代なのにね。このハエはどこにいたんだろうと、いろいろ想像しちゃうんです。だから、家族が料理屋の中で食事している間、私は買ってもらったパンを外で食べながら待っていました」

父親はお酒が好きだった。中国人のお店では、いろいろなお酒を売っていた。天秤でパンを売りに歩く商人もいて、お酒の入った瓶をもっていくとパンと交換してくれた。小遣いを持っていないトヨ子は、父の酒ビンをパンと交換するのが楽しみだった。

「だから早く飲み終ってほしくてね。実際、父はうわばみでしたから（笑）。でも私は大人になっても飲めなくて、母に似たんでしょうか」

沖縄に関しては、郷土を懐かしむというより、別の考えを持っていたようだ。

「父と母は沖縄の方言でしゃべっているのですが、私が沖縄の言葉を使うと、父は『これからは標準語が大事だから、標準語を使え』というんです」

標準語を使えという時の父は厳しかったが、あとは優しく、トヨ子の友だちにも好かれていた。

トヨ子が学校に入る前、父が仕事中の怪我で、左足を膝上五センチくらいのところで切断した。トヨ子も、日本人が経営するミンタル病院という大きな病院に行ったのを覚えている（院長の名前は長尾先生だったと記憶している）。

芝生の庭、洋風の建物、渡り廊下があって美しかった。こうして父は片足になったが、松葉杖でいろんなことを器用にできるようになり、ごくあたりまえの風景になった。家にきたトヨ子の友だちは父が大好き。松葉杖を使ってみんなで遊んでいた。義足を作りに日本にいったん帰ろうとしたとき、戦争が始まってしまい、断念した。

その後、父に軍属として招集令状が来た。すると日本領事館が日本軍に「片足がない障害者を招集するほど、日本軍は切迫してるのですか」と喰ってかかったという。おかげで招集は撤回された。

「片足がなかったことで、家族と一緒にいられたんです」

2　麻畑とカリナン小学校

片道二里の小学校へ通う

フィリピンのミンダナオには、ダバオ小学校、ミンタル小学校、カリナン小学校と、日本人学校がいくつかあった。また、ミンタルには女学校もあって、トヨ子の憧れでもあった。

一九三九（昭和十四）年、トヨ子はカリナン日本人小学校に入学する（一九四一年からカリナン日本人国民学校になる）。生徒の数は約八〇〇人。当時は数えの八歳（満七歳）で入学だったが、学校まで遠いので、一年入学を遅らせたと両親から聞いていた。

広い芝生の校庭には大きなネムの樹が四本、柱のように植わっていた。廊下は欄干で、旧校舎は平屋建て、新校舎は二階建て、外国ふうの建物だった。

一九四一年十二月まではスクールバスを利用できたが、戦争とともにバスも使えなくなり、徒歩で通うようになった。

「学校まで片道二里ですから、歩いて一三〇分、二時間以上かかりました。でも、下校のときには、道草を楽しみながら帰りました。平和というか、淡々と暮らしてました。それでも、『現地の人が悪さするかもしれないから』という大人や学校の考えで、ホイッスルを首からかけるようにいわれました。何かあったらホイッスルを鳴らす、すると近くにいる日本人が助けるという約束がありました。子どもを襲ったり悪いことをしたりするのは現地人、日本人は泥棒や殺人はしない崇高な民族、という考えだったんですね。大人たちがそういう態度ですから、現地の人に対して、子どももおのずと驕っていきますよね。学校には天皇の御真影もあって、入学や卒業、記念日には『チンオモウニ』（注・朕惟ふに我か皇祖皇宗國を肇むること宏遠に……という教育勅語）と唱えましたよ」

外地（当時は中国・朝鮮をはじめアジア各地を日本が植民地にしていたので、海外もまた日本ではあったが、外地と呼んでいた）にいる大人たちは、現地の人間を蔑視するのと裏腹に、日本人の偉大さを強調したようだ。

「日本人は立派なのだ、ということを何回も聞かされました。『日本では、電車に乗ると子どもはお年寄りに席を譲る』とかね。そんなこと言われても、私たち子どもは日本の暮らしをまったく知らないし、そもそも電車にも乗ったこともないんですから（笑）。乗り物といえば、ミンダナオには警笛《ブシナ》を鳴らしながら走るタクシーが、ワガーン、ワガーン。バギオー、バギオーと行き先を叫んで客を乗せてました。戦時中はタクシーはなくなって、バスが運行されていましたね」

日米が開戦し授業閉鎖　下級生の面倒をみる

日本がハワイの真珠湾を攻撃した一九四一年十二月八日、トヨ子たちは学校にいた。午前中の二時間か三時間目、授業が始まる時刻になっても先生たちが教室にこない。「先生はどうしたんだろう」と子どもたちが話していると、昼ごろになって受け持ちの上杉先生が来た。

「実はね、アメリカと日本が戦争になりました。みんな一人では家に帰れませんから、これから各地区へバスで送って行きます。お父さんやお母さんも集まっている所がありますから、心配しないでください」と言った。

日本はアメリカとの戦争に突入したのだ。

そして、フィリピンの憲兵の命令だとトヨ子は記憶しているが、成人男性はみんな、ダバオ小学校に連れて行かれ、トヨ子の父も小学校に収容された。うっかり歩くと撃たれるので、トイレに行くにも這っていき、実際に撃たれて死んだ人もいたという。

一方、女性と子どもはカリナン小学校に残され、七〜八家族ごとに教室に入れられた。女たちは、「アメリカ兵が攻めてきたら殺される」と怯え、教室のドアをしめて、ノブをオブイ紐でしばって、かまどの灰をバケツにためて、もし入ってきたら眼つぶしにしよう、と考えていた。

「将校が学校にきて、今から思えば、あれは大人の男性を監視してたんでしょうね、フィリピン軍の命令だったのかもしれません。当時はわかりませんでしたが」

一九四一年十二月から日本の占領が始まると、治安が安定し小学校も再開したものの、公共交通はカリナンからミンタルやダバオ方向へ行くバスだけになった。タクシーがなくなったので、トヨ子たちが住むバギオに向かう乗り物はなくなり、すべて徒歩で移動しなければならない。子どもたちは苦にならず、歩くことは楽しかった。
一、二年たつと、学校の朝礼のとき玉砕の発表が聞かれるようになった。その都度、「海行かば」を歌う。日本の戦力が落ちてきた現れであった。
「大東亜戦争になって、独立記念日というのができて、フィリピンがアメリカから独立したんでしょうね。フィリピンを独立させるなんて、日本は偉いなあ、と子ども心にも思いました。大きなバンケールという橋があったのを、アメリカ兵が攻めてこないようにと日本兵が爆撃で壊しちゃったのを見たときは、兵隊さんは強いなあと感心しました。青年将校さんが長い革ブーツをはいていて、かっこよかったですね。ふつうの兵隊さんは、ブーツじゃなくてゲートルという脚絆のような布を巻いていて、そんなにかっこいいとは思わなかったですけど」とトヨ子は振り返る。

長身で若々しいこの青年将校は、その後、地域を偵察しているときに、ヤシの上からフィリピン兵に撃たれて死んでしまった。射殺された場所から車で学校に運ばれてきた遺体を、教師や小学生たちも見ていて、みんな大変なショックを受けた。人の死の呆気なさ。火葬されるところを見たのも、その将校さんの葬儀が初めてだった。

「内地におられる親はどれほど悲しいだろうと思ったのを覚えています」

戦争が始まってからの最初のうち、日本兵は英雄だった。負傷したフィリピン人たちを治療してくれて「日本兵はやさしいね」とみんなで話していた。

やがて、学校は日本陸軍の兵舎として使われることになり、授業はできなくなっていく。アメリカ軍の攻撃はいよいよ激しくなり、トヨ子たちが住むバギオには、ダバオやミンタルの小学生とその家族が避難してきた。

このような非常事態にもかかわらず、トヨ子のいたカリナン小学校の橋本博先生やダバオの石田先生は、避難してきた子どもたち約四〇余人を集めて授業を試みた。学校は兵舎になって使えないので、マキナ小屋を教室にした。小さいグループに分かれて、上級生が下級生の面倒をみるようにと橋本先生は指導し、先生は二～五年生をみながら全体を監督していた。

六年生は、それぞれ一年生四人を受け持つことになった。「臨時のミニ先生」になった六年生は、自分が気にいったマニラ麻畑の中に小さな教室をつくって、教えたり、互いに学んだり、遊んだりした。トヨ子も、日陰にくつろげる場所を作って、先生役をつとめた。こうしたスタイルが三、四カ月は続いたのではないか、とトヨ子は記憶している。

「日本という国は、教育を大事にするんですよね。疎開してきた子どもたちを、学校が使えなくなった後も、爆撃の音が聞こえる中で授業をするんですから。まるで、勉強をひきずって逃げているみたいなものでした。でも、このマキナ小屋では、普段とは違った学びができました。橋本先生をはじめ、日本から来た教師たちは本当に教育熱心で、常に日本を意識していたんですね。外地にいるからよけい、日本の教育に遅れをとらないように、という熱意だったのでしょう」

しかし、子どもが外で行動するのは危険な状況になり、マキナ小屋の学び舎も終わりを迎えた。その直後に、山のジャングルへの避難命令が出た。

カリナン小学校が兵舎になった頃に、「イアンフ」という言葉も聞いたことがあった。母に「兵隊さんたちに卵を持って慰問に行きなさい」と言われたトヨ子は、友だちと一緒に兵舎になった学校に行った。

「もう昼間なのに、まだ寝巻きを着ている女の人がいて『あれ?』と不思議に思いました。襟元とか着くずしたみたいな着方、だらりとしている感じで。でも、いい表情をしてました。うちに帰って『あの人たちだれ?』と聞くと、『兵隊さんのお世話をしている人』

と親に言われて、その時は『ふーん』としか思わなかったですけど。戦後になってから、『慰安婦』という言葉をきいて、あ、あの人たちのことだと思ったし、『イアンフ』の漢字が初めてわかりました。米軍は家族を連れていくけど、日本兵は男性だけだから、女の人たちを戦場に連れて行ったとも聞いて、ああ、そうだったんだ、と思いました」

3　カルメン山への逃避行

タモガン山への避難命令

一九四五（昭和二十）年五月ごろ、アメリカ軍がどんどん攻めてくるので、日本陸軍から日本人住民に対して、タモガン山への避難命令が下った。ちょうどその時、次女の利子はタモガン方向のオンという地域に住んでいる叔母さんの家に遊びに行っていた。オンの叔母の夫は、一九四一年、一度沖縄に帰ったときに戦争が勃発してしまい、フィリピンに戻って来られなくなってしまった。一人暮らしで寂しいだろうと、叔母の所に、利子はよく行っていた。

タモガンへの避難命令が出た夜、父の友人と、子どものいない叔父たち大人四人が、子どもの多いトヨ子の家族を気づかって遠くから来てくれた。利子を除いても、十二歳から十カ月の赤ん坊まで五人の子ども連れで、タモガン山までどうやって逃げる？　食料品はどうする？

話し合いの結果、そう簡単に終わる戦争ではないので、できるだけ腐りにくい食料、乾燥させた軽い食料を用意することになった。

ところが、その話し合いのとき、「そんな悠長なことを言っていたら、タモガン山に入れなくなってしまう。とにかく早く逃げよう」と、フィリピン人女性と結婚したおじは言った。父たちの説得にも耳をかさず、その家族は夜明けとともにタモガン山に向かった。だが、戦争が終わったとき、彼らは生きていなかった。

非常食作り

話し合いのあと、大人の男たちは次々と非常食づくりを始めた。肉やバナナ、パパイヤ、さつまいもを乾燥させる。空からアメリカの飛行機に見つからないよう、マニラ麻畑の中で干した。女と子どもたちは、おむすびなどを持参して壕のなかで過ごした。近くのタロモ川の中間に、奥行き五～六メートルの、自然にできた広い壕を見つけたのだ。ここなら、アメリカの飛行機に見つかっても、機銃攻撃が中まで届かないし、前は深い谷で川が流れているから兵隊もすぐには来ないだろうということで、昼間はここで過ごし、夜になって安全を確認してから家で寝ることになった。

「学校行事も宿題もないし、勉強もしなくていい、大人と一緒にいて自由に時間を使えるので、子どもたちは楽しく遊べました。案外、喜んでいたというか、楽しかったんですよ。大人の気持ちも知らずに」とトヨ子は言う。

夜になると、ダバオ沖の敵（アメリカ）の戦艦から、まるでトヨ子の家を目標にしているかのように、高射砲がひっきりなしに撃ち込まれるようになった。アメリカ軍は、トヨ子の家のうしろの谷に日本軍の何かの施設があると勘違いしていたのだろうか。それとも民間人を脅すことが目的だったのだろうか。ヒュー、ヒューとうなるような音は恐ろしかった。

海軍航空兵の不思議な助言

避難命令が下ってから何日かが過ぎ、乾燥食料の準備もだいぶ整ってきた。そろそろ出発しようというある日、母は頭痛がひどいので、壕へ行かずに家で一日寝ていることにした。父には「鍵をかけるから大丈夫」と言った。

その日、陽が落ちて、みんながぞろぞろと家に帰ったとき、母が待ち構えたように、こう話し始めた。

「私が寝ていたら、ドアをノックする音と声がしたので出てみたら、日本兵が一人立っていました。『自分は航空兵だが、道を聞きたくて来ました。あなたは一人ですか？　まだ逃げてなかったのですか』と聞くので、私が『あと二、三日でタモガン山に向かいます。いま食料作りをしています』と答えると、その日本兵は『いや、タモガンには行かないほうがいい。日本軍とアメリカ兵の闘いが押し寄せていて、陸軍もバラバラになっている。今からだったら、カルメン山に逃げたほうがいい。カルメン山は陸軍ではなく海軍が避難していてアメリカとの闘いもないから安全だ。道路ではなくて、麻畑の中を通って行きなさい』というんです。逃げ方まで教えてくれて帰って行きました」

トヨ子の母は普段、自分からはあまり話さず、人の話を聞くほうで、口数が少ない人だった。それだけに、母が一気にしゃべったこの話を、父も叔父たちも、じっと聞いていた。そこで大人たちは、タモガン行きをやめて、カルメン山に行き先を変えようと話していた。トヨ子は、妹の利子がタモガンに先に避難しているのだから、タモガンに行こうと泣いて父に訴えたが、聞いてくれなかった。

「利子のことが、ずっと気になっていました。それにしても、その日本兵が母にカルメン山へ逃げるよう告げてくれたことが、私たちの命を救ってくれたんです。本当に不思議で、感謝もしています」とトヨ子は振り返る。

父とおじたちは、先回りして人目につかない山の奥に掘立小屋を建てた。粗朶《そだぎ》を集めて床をつくり、ヤシ科の植物で屋根を葺《ふ》いていた。麻畑で干した食料をこの小屋で保存し、大切に大切に食べて過ごした。

カルメン山への逃避行

そしていよいよ出発の日。トヨ子の家族、おじさん二人、ダバオから避難してきていた友人の家族が行動を共にした。乾燥させた食糧などカラバホ（水牛）の背中に乗せ、子どもたちも荷物を背負ってカラバホの後につづく。航空兵が教えてくれたとおりに麻畑の間を、下草が足にからまりながら、西に向かってひたすら歩く。カルメン山の入り口に着いたときは夕方になっていた。そこに古びた家が一軒あった。誰もいない。部屋じゅう湿気くさいが、みんなホッとして、おむすびを食べ、杖がわりに持ってきた砂糖キビをかじる。山の近くなので、家より寒かったが、その晩はゆっくり眠った。

翌朝、母とトヨ子は早起きして、持ってきた米を炊き、大きなおむすびを作り、中に豚味噌を入れた。みんなの好物だ。きょうからは山道になる。

幅が二、三メートルくらいの道は、カルメン山の近くから逃げてきた民間の日本人や、海軍の食料を運ぶ台湾人や韓国人の軍属たちがひっきりなしに行き来し、道を踏み荒らしていた。山の中はうっそうとして地面は乾く間もない。道はグチャグチャだが、裸足だから、トヨ子は意外と楽に歩けた。

「かゆい！」とトヨ子がスネをかいていると、「血が出ている、ヒルだ！」と父の声。道といっても、今回の避難で初めて人間が入ったような密林なので、先に行った人々の踏みならしたドロンコ道だった。

ジャングルを奥へ奥へと行くと、湧水の近くに小屋ができていた。父やおじたちが先に来て建ててくれた小屋。床は地面から一メートルくらい高くしてあるが、床板はでこぼこ、バスタオルのようなものを敷いて寝るのだが、体が痛い。ここに何週間か住み、その間におじたちがさらに山奥に第二の小屋をつくっていた。


ダバオ川の支流近く、大きな川には大きな岩があり、そのくぼみに、上流から流れてきた水がクルッと輪をかいて流れていく。岩陰は人目もなく、トヨ子はそのくぼみの渦で水遊びをしたこともあった。なぜか必ず一人で行った。


逃げている間、やることは食事づくり。乾燥した食材を水でふやかして、敵の飛行機に見つからないよう、煮炊きをする。

父は必ず、湧水のあるそばに小屋を建てた。父が一番注意したのは、湧水が排泄物で汚れないようにすることだった。トイレは、川下の方向、必ず湧水から離れたところに、深く土を掘った。丸太を渡すとそこが足場になり、臨時トイレというわけだ。

途中、川に倒れた太い木を、橋のようにして渡るところがあった。そのとき三歳だった弟は、そのときのこわさを今でも覚えている。

父は松葉杖なので、山道を歩くのは大変だっただろう。親戚のおじさんたちが何かと助けてくれた。

食料は、どんどん乏しくなっていく。

ほうろう引きのプラトー（お皿）に五分か三分粥をお玉に二杯。みんなで輪になって食べるが、とにかく少ない。子どもたちが、すーっと飲むように食べるところを、父も母もじっと見ている。三歳の弟は「もうないよ～」とさびしそうに言う。すると両親は、自分の皿から弟や妹の皿におかゆを注ぎ込む。

「おとなたちは、どうやって栄養をとっていたんでしょうね。川の岸辺にあるやわらかい草に味付けして食べたりもしました」

子どももおとなも、さらにやせ細っていった。

乾燥させた食料も日々、少なくなっていく。

おとなは夜中、山からそーっと出て行き、避難して主のいない他人の畑から野菜や芋類を採って、サーコ（荒く編んだ袋）にいっぱい入れて山の入り口に運ぶ。そのサーコを母やトヨ子が背負って、ぬかるんだ山道を歩いていく。そうやって集めた食料品を、病気で食料集めに行けない仲間や、男手のいない家族に必ず分けていた。

「ジャングルにいったら、湧き水で洗い物するな。飲み水は清潔にしておかないと、伝染病になったらおしまいだよ、と常々言ってました。そして、食料はみんなで分ける。父たちの素敵なところでしたね」

韓国や台湾の人たちが軍属として、重そうな荷物を背負って運んでいると、父は「ちょっと休みなさい」と声をかけることがあった。荷物の中身は昆布。海軍は物資が豊かだったらしい。人間らしい対応に、彼らは父に礼を言って、荷物からぬいた昆布を渡してくれたこともある。


おそろしい風景も見た。

トヨ子が、身のまわりの物（片手でさげるほどしかなかった）を持って山を歩いていると、大きな木の根元に、大人が横たわっていた。頭を向けた先に、家族のであろう写真がおかれている。近くに寄ってみると、その日本兵はすでに死んでいた。「死体はこわい」と感じたトヨ子は、あわてて立ち上がってその場を去った。せめてその写真と身元のわかるものを持ってきてあげればよかった、と平和な時代になってから後悔するのだった。

お金がバラバラと散らばっている所もあった。日本兵の持ち物だったのだろうか。

また、ジャングルの中でも、日本兵が通過した跡は、排泄物の山があるのでわかった。ハエがたくさんたかっていた光景は、あまりに強烈だった。

一方、軍が避難先として命令したタモガン山は悲惨だった。民間人の日本人が逃げる。そのあと日本兵がくる。それをアメリカ兵が追っていくという状況だった。食料を奪うのが目的なのか、日本の兵隊に殺された民間日本人もいるという。

日本は負けた!

トヨ子たちがカルメン山にいたのは何日間だったのだろう。

ある日、山から平地まで食糧を探しにいってアメリカ軍に捕まった日本人が、山奥に戻ってきた。そして、「日本は負けた!」と言うのだ。

この人は、山の中にいる日本人がいつ下山するか、日程についてもアメリカ軍と話し合ってきたという。

日本が負けたと聞いたとき、トヨ子の父や母は「うん、やっぱり」と言って、ほっとしたようだった。山に避難する前、家にいたころから、父は母に「この戦争は負けると思う」と話していた。飛行機からバラまかれた、アメリカ軍の広報ビラを読んでいたせいだろうか。そして、戦争に負けたら、自分たちはアメリカ軍に殺されると考えていたかもしれない。

トヨ子たちと行動を共にしていた家族は、すでに小さい子が一人亡くなっていた。山づたいにタモガンからカルメン山へとたどり着いた家族もいた。母の知り合いは、死んでしまったわが子を背負ってカルメンに逃げてきた。どこか落ち着く場所が見つかったら葬るつもりだったという。

ほとんどの食糧を食べつくし、入山したときとは変わり果てた姿。アメリカ軍に決められた下山の日、生き残った日本人たちは、とぼとぼと歩いておりていった。

山のふもとに着くと、トラックとジープとともに数十人のアメリカ兵が待っていた。

4　米軍のダリアオン収容所

初めて見たアメリカ兵

「そのとき、生まれて初めてアメリカ兵を見たのですが、私のイメージと全く違ってい て、目をパチクリさせました。何に驚いたかって、にこやかな表情です。だって、戦争中のポスターに描かれていたアメリカ兵は、まるで魔法使いか悪魔か鬼、こわーい表情でしたから。目の前にいる兵士は、背が高く、軍服は清潔だし美しい、と感じました。日本兵は、色も暗いし貧しい感じ、表情も怖かった。戦闘帽のうしろの布をヒラヒラさせ、だぶだぶの軍服を着た日本兵のことを、ついさっきまで、かっこいいと思っていたのだから自分でもびっくりです。小学校の教室に女性と子どもが収容されたときに、アメリカ兵が攻めてきたら殺されると怯えながらも、眼つぶしにしようと考えていたんですよ。それがこの人たち？　と拍子抜けしたし、鬼畜米英というのはウソだったのか、と子ども心に思いました」

下山してきた日本人を見渡すアメリカ兵。トヨ子の家族の人数を数えると、将校のジープに連結されている荷台のような車の定員がちょうど合っていたらしく、そこに乗せられた。

トヨ子はスペイン語（という言葉は知らなかった）が外国人の言葉だと思っていたが、アメリカ兵たちは、それとは違う言葉をしゃべっている。学校でフィリピン人のララ先生から少し習った英語ともちょっと違う。何を言っているかわからない。

それでもトヨ子は、今までの恐怖はどこへやら、アメリカ兵から目を離せなくなっていた。つい視線がアメリカ兵にいってしまう。すると彼らはお互いにニコニコと話している。それを見ると、トヨ子まで笑顔になって平和な気持ちになる。「救われた」とも感じた。嬉しい思いでいっぱいだった。つい近づきたくなる存在。弟や妹もそうだった。

一方、両親は黙っていた。トヨ子は、安心しているのか不安なのか、なぜか聞くことができなかった。


ジープにひかれた車で町を通る途中で、トヨ子はまたもや驚いた。カルメン山に逃げる前、バギオ、カリナン、ミンタルのあたりには、アメリカ軍の爆撃によってメチャメチャになり、大きなアリ地獄のような、ビルが入るほどの大きな穴があちこちにあった。ところが、まるで鉄板でも敷き詰めたかのように舗装され、道路が輝いていたのだ。

このあたりは、爆撃される前の平和なときも、舗装されていなかったため、雨が降るとトラックの轍で道がぬかるみ、仕方なく靴を脱いで裸足でジャブジャブ歩いていたのだ。その道がこんな立派に道路になったとは！

「う〜ん、こんなすごい国と戦争してたんだなあ」

父もため息まじりにつぶやいた。

そうか、アメリカは大金持ちの国なんだ、とトヨ子も思った。

途中、道路工事をしている黒人アメリカ兵もいた。白人も初めてだったが黒人も初めて見る。足が長くてスタイルがよくて、アメリカはまるで、おとぎの国だ。そのうち、ダリアオンという場所に到着した。

向こうには広い海とヤシ林。すでに多くの下山した日本人が収容されていた。トヨ子は自分たちが一番乗りかと思っていたが、山づたいに他の山から逃げていた人たちが先に着いていたのだ。

収容所生活

何十ものカーキ色の大きなテントが張られている。一堂に集められてみると、日本人はこんなにたくさんいたのか、と感心する。

ひとつのテントに七～八所帯が入る。テントの中は、地べたの上に牧草が敷き詰められている。逃げるとき持っていた薄縁《うすべり》や毛布も敷いて、丸まるように寝る。

こうして、ダリアオン収容所の生活が始まった。


それまでのお米が浮いてるような三分か五分粥から、いきなりのご馳走だった。肉と野菜の煮込み、具だくさんのスープ、量もたっぷりで味もおいしい。

何日か経った頃、カリナン国民学校での担任だった矢野先生が娘さんを抱えてトラックから降りてきた。大柄だった先生もやせ細っていた。矢野先生の妻は、山の中で亡くなったという。もともと心臓が弱かったらしい。仲がよくて暖かい雰囲気の夫婦だったのを知っていただけに、トヨ子は寂しかった。

収容所では、学校の先生が日本人の世話役になり、忙しく動いていた。そんなとき、トヨ子は子ども心にもうれしい光景に出あった。

母が矢野先生のところに行き、「洗濯物を出してください。この子が洗いますから」と申し出たのだ。もう担任ではないが、お世話になった人が困っていれば自然と手伝う母のやさしさが、トヨ子はうれしかった。

洗濯といえば、後から考えるとトヨ子には不思議なことがあった。カルメン山に逃げたとき、川で洗濯をしていたのだ。着替えもあったのに、時間の余裕があったのかな？　清潔を考えてのことなのか？　お腹がすいたギリギリの苦しい体験と、どこかのどかな川での洗濯とが、断片的な記憶のなかで混在している。

父と二人っきりの散歩

鉄条網をはりめぐらせた広い原っぱでアメリカ兵たちが野球をしている。それをじっと見ている無気力な日本人の子どもたち。ダリアオン収容所では、時間の使い方に規則はなかった。

野球をしているアメリカ兵が、新聞を渡してくれることがあった。英語らしき文字は読めなかったけれど、トヨ子はそれもうれしかった。

暑いある日の夕方、父と二人で、殺風景な大きなテントの立ち並ぶ間を歩いていると、右手のほうから楽しそうな音楽が流れてきた。

父と娘は立ち止まり、顔を見合わせる。

「あっち、あっち」

トヨ子は父の手をひっぱるようにして、父は松葉杖で急ぎ足、音のするほうに近寄っていく。二人とも音楽が大好き。

行ってみると、屋台のような中で指人形が踊っていた。そのときは知らなかったが、曲は「東京音頭」。楽しいわけだ。そして「きらめく星座」。トヨ子は今でもこの歌を聞くと、夕暮れのさびしいテントを思い出す。

いつもは妹や弟を連れて歩くのがトヨ子の役目だが、その日はなぜか父と二人きりだった。

それから数日して、父が高熱を出した。赤黒い下血。足のケガで切断したときは別として、トヨ子は病気になった父を見たことがなかった。病気など寄せつけない強い人だと信じていた。それだけにショックだった。

同じテントにいる叔父たちが、父をタンカに乗せて診療所に連れて行き薬をもらってきた。それを飲むほかにケアは何もできず、父は一向によくならなかった。

そんなある日、日本への引き揚げ手続きが始まり、家族全員で来るようにという知らせがくる。テント内のほかの人たちは、みんな手続きに出かけたが、「とうさんが良くなるまで、待ちましょう」という母の言葉に、子どもたちはうなずいた。とはいえ、みんなが行くところには一緒に行きたいという気持ちもあった。

ところが父はなかなか良くならず、再度、手続きの通知が来た。仕方なく母は、父をテントに置いて出かけることにした。

父の死と帰国手続き

七~八人のアメリカ兵が居並ぶテントの中に、母と子どもたちが入っていく。日本人の申請者から聞き取った名前や生年月日をタイプライターで打っていくようだ。

アメリカ兵の一人が、たどたどしい日本語できく。

「エイゴ　ハナセマスカ?」

「ノー」と首を横に振る。

「スペインゴ、ハナセマスカ?」

実はトヨ子はスペイン語の単語をかなり知っていたが、それをスペイン語だとは認識していなかったので「ノー」と答えた。

名前と生年月日を聞かれて、全員帰された。

父の病状が悪いことを知っていたのか、母は急ぎ足でテントに向かい、飛び込むように中に入った。妹も母と一緒に入っていくのをトヨ子は後ろからみていた。すると泣き声が聞こえてきた。

「えーっ?」驚いたトヨ子がテントに入ると、すでに父は息絶えていた。母に「子どもたちを頼む」と一言だけ言って。家族全員が泣いた。泣くしかない。

しばらくして、叔父たちが担架で父を運んで行った。収容所の中に死者を葬る場所があるらしい。やがて叔父たちは、うなだれて帰ってきた。手ぶらだった。火葬ではなく土葬だったのだろうか。トヨ子は何も聞けなかった。

三歳の弟は、叔父たちを小さな手で叩きながら「おとうしゃんは？　おとうしゃんを連れてきて！」と泣き叫ぶ。

「おとうさんは死んだの。遠いところ、天のほうに行ったの。もう帰ってこれないの」と母は言うが、「うそだ、うそだ！」と泣いていた。

周囲にいた人も次々と家族を亡くしていた。他人のことを悲しむ余裕はない。「ああ、あそこもだ」と眺めているか、「大変だね」と声をかけるのが関の山だった。

何日か経って、引き揚げ日が決まったと係の人が知らせにきた。ところが、同じテントの他の人たちの名前は入っていたが、トヨ子たちの家族の名前はリストにない。

「どうして？　手続きの日がずれたから後回しにされるの？　えー、いやだ」

どうしようもない悔しさ。叔父たちも、同じテントの知り合いも「元気でね、船で待っているよ」と言い残し、みんな日本への帰国に向けて行ってしまった。

今まではごちゃごちゃと常に誰かの声がして、賑やかで狭くるしかったテントの中。今は、牧草を敷き詰めた上を、そよ風がさびしく流れているだけだった。

広いテントに、トヨ子たちだけ。父がいなくなっただけでも寂しいのに、取り残された気分を初めて感じていると、「ああ、お父さんが死んだうえに、友だちまで行ってしまった」と母のつぶやきが聞こえてきた。子どもたちには理解できないつらさを母は抱えていたのだろう。

そのうち、同じような取り残された家族が一堂に集められた。無表情で、寂しげな人たちのグループ。気持ちはひたすら日本に向いている。そんな日々がしばらく続いた。

収容所では、もうひとつ悲しいことがあった。タモガンの叔母の所に行っていた、トヨ子のすぐ下の妹・利子のことだ。

「ダリアオンの収容所はテントがいっぱいあって、山からアメリカのトラックで日本人をごそっと運んできていたんです。トラックが着くたび、毎日母が見に行ってました。まるで岸壁の母ですね。『きょうも利子はいない』と帰ってくるんです」

帰国への手続き

いよいよ日本に引き揚げると声がかかった。利子を残して行くことになる。母の胸のうちはいかばかりか。トヨ子も心の中では悲しくて仕方がない。それでも声には出さなかった。

手荷物を持ち、テントを後に、弟の手をひいて集合。そこには何台もの陸海両用のトラックが待っていた。背の高いすてきなアメリカ兵が、手に書類を持っている。「この前に並べ」という仕草をする。母を右端、その左隣にトヨ子、そして妹弟が一列に並んで立つ。不安と緊張で表情がなくなっている母。トヨ子は気になってチラリチラリと母を見ながら、アメリカ兵の様子も見た。トヨ子より三倍くらいの背丈があり、人形のように容姿端麗。やさしい目で見おろしている。

アメリカ兵は、英語なまりで名前を呼び始めた。

「コシャ　セイジロー」

母は答えられないだろうと思い、トヨ子は自分の出番とばかり

「パタイ」（死んだ）、と答えた。

「コシャ　ウシ」

母の腕をとって前に出すトヨ子。

「コシャ　トヨコ」

「はい」とトヨ子が前に出る。

「コシャ　キヨコ」　前に出す。

次はカズコが呼ばれる順番。ところが

「コシャ　セイキョク」

え？　と戸惑いながら、トヨ子は弟の世旭を押し出す。母を見ると顔面蒼白で泣きだし

そう。そうだ、カズコをお父さんの名前で人数に入れようとトヨ子が思いついた瞬間、アメリカ兵が

「コシャ　セイキョク」

セイキョクが二人いる！　え？　ようし！　とトヨ子は、カズコを押し出した。

「コシャ　セイキ」

「ハイ」と母の腕に抱かれた十カ月の弟を指さした。そして、はるか上にあるアメリカ兵の両腕をつかんで引きおろし、名簿の中の名前をさしながら、ウノ　ドス　トレス　クワトロ　シンコ、と六人数え、ふりかえって母から一人ひとり、指差し確認よろしく人数が同じだと数え、アメリカ兵の顔を見てにこやかに「バス　タン　テ？」（これでいいですか？）と言う。

兵隊はやさしい表情で「ＯＫ」と言ってくれた。

「早く乗って～」

同じ名前が二つだとアメリカ兵に気づかれて引き戻されないよう、みんな大急ぎでトラックに乗り込んだ。子どもたちはみんな、ホッと深呼吸。母も「よかった」と一言。

「外国語だからアメリカ兵にも通じると思って、『バスタンテ？』と言ったんですね。あの時のあわてようは、母も私も大変でした。だって『この子の名前はない』と言われたようで焦りましたよ。でも弟のセイキョクという名前が二つあったから、とっさに『はい和

子、前に出なさい』と言ったんです。その前の調査のときのタイプミスだったんでしょうね。引き揚げ作業が始まった頃、母がどこかから、書類に名前がないからと乳飲み子が一人残されて日本に帰れなかったという話を聞いてきたんです。それを聞いてみんな、こわいねえと話していたので、母は『和子の名前がない！』とパニックになったんでしょうね。私は、そういう時に意外と強いんですよ。私のポーカーフェイスは、あの時から身についていたみたいです。今から思えば、父が亡くなったとき、私が父のように母を元気にさせなきゃ、と思ったんでしょうね」とトヨ子は言う。

帰国船へ

トヨ子たちを乗せた車は、ヤシの林の中を走り、やがて海に近づいた。なんと車は、ダリアオンの砂浜から、そのまま海へ入っていき、沖に停泊している大きな船に向かう。陸と海と両方を走れる車なんて初めてみたトヨ子たちは、ただただ目をみはるばかり。妹や弟が「陸海上車」と名付けていた。

船の横にピタリと停車すると、船上から縄梯子《なわばしご》が下りてきた。「ええ？　これで上るの？」と思ったが、乗らないわけにはいかない。一人ひとりこわごわと、揺れる梯子を上り、甲板に降り立った。

ホッとしたのもつかの間、そこで再度のチェック。若いアメリカ兵が書類を手に、にこやかにトヨ子たちを見ている。

一度通った道だから自信がある。トヨ子は家族が並んでいる少し後方に立ち、父の名前が呼ばれたときだけ「パターイ」(死んだ)と言い、あとは名前を呼ばれるたびに、母と妹、弟を前に押し出した。

今度は「セイキョクという名が二人いておかしいと言われないか? 男の子と女の子が同じ名前で不審に思われないか」という不安もなく、無事に点呼は終了した。

これから日本に着くまでの間、船での生活が始まる。

5　日本への引き揚げ船

ジョージ・ノリス号で日本へ向かう

一九四五年十月のある日、古謝一家はアメリカの輸送船ジョージ・ノリス号で日本へ向かった。そのとき四十三歳の母ウシ、中学一年生だが最後はほとんど学校で勉強していないトヨ子。小学三年生の清子、六歳の和子、三歳八カ月の世旭、そして十一カ月の世喜。

点呼のあと甲板から下に案内される。そこには、テントの布でできた二段ベッドだけが、何台も並んでいた。きっとアメリカ兵のベッドなのだろう。六人に二段ベッドが二つ割り当てられた。自分たちの荷物もほとんどなく、部屋は暗くてさびしい。

母と世喜を残し、トヨ子たちは甲板に出た。西の方角にヤシの林、そこから赤い光がもれてくる。きれいな夕焼けだ。広い広い海原、もう帰れない。とうさんと、利子を残してきたという思いがトヨ子に襲いかかる。

ふと横をみると、右手に洋式トイレが並んでいて、先に船に乗っている日本人が出入りしている。便器には常に海水が流れている。水洗式なのだ。「トイレはここに来ればいいんだね」と子どもたちで確認しあう。

そうだ、妹たちや弟と、細い手をつないで、波に揺れる甲板の上を点検しに行こう。あちこちにアメリカ兵が立っていて微笑んでいる。

ぐるりとまわると甲板の角あたりに、引き揚げ者が行列をつくっていた。シュー ッと力強く噴き出すような音がして湯気がたっている。一番前の人は、飯盒《はんごう》に入れた水に湯気が出る一本の鉄の棒をさしている。「そうか、こうやってお湯を沸かすんだ」とトヨ子は思った。

トヨ子たちが乗った船とは別だが、蚕棚のような復員船内部(『浦賀港引揚船関連写真資料集』)

輸送船の甲板は波に揺れ、子どもたちも左右に揺れながら小走りで船室に戻った。母は寂しげな表情で、腕から抜けだそうとする世喜を抱きながら「おかえり」と声をかける。

子どもたちは、甲板で見てきたことを次々に母に報告する。母は「そう」「そうなの」と聞いてくれている。でも、あまりうれしそうな表情ではない。きっと利子のことを想っているのだろう。

日本人の世話係が来て、アメリカ軍のカーキ色の大きな純毛の毛布二枚と、一日分三食の食事が運ばれた。収容所でもアメリカ軍の提供するものを食べていたが、船上の食事は初めて目にするものばかりでトヨ子たちを驚かせた。

まず器。今のティッシュペーパー・ボックスのようなベージュ色の厚紙でできた箱に入っている。何が入っているの？　こんなにワクワクした、はずむような気持ちは初めて。箱をあけると、中にきちんと並んでいるのは、缶詰、ビスケット、チーズ、インスタントコーヒーの粉、クリープ、砂糖、ドロップ。

何カ月もの間、カルメン山のジャングルでひもじい思いをしてきた子どもたちは、こんな元気が残っていたかと驚くほどの歓喜の声をあげた。その様子を見ながら、母は一度に食べないようにと、一箱ずつ配っていった。

これはアメリカ兵の弁当らしく、日本人はケイタイコウリョウ（携帯口糧）と呼んでいた。缶詰はソーセージやコンビーフ、卵焼き、魚、ポークアンドビーンズなどのたんぱく質で、開けられる缶切りがついている。ビスケットのほか、クラッカーやビスケットの時もあった。

数少ない荷物のなかから飯盒を取り出し、さっき視察してきた所でお湯をわかし、思い思いに飲み物をつくって夕食を食べた。

やがて母が、重たい声で子どもたちに話してくれた。

「毎日広い海を眺めていたら、そのうち大きな、きれいな山が見えて来るのよ。上が白くて、富士山というの」

子どもたちは、頬もやせ細って大きくなった目を輝かせながら、母の一言一言をきいて、うなずいている。

「その富士山が見えてきたら、まもなく日本なのよ」

「ふーん」

子どもたちは、不思議そうな、うれしいような声をあげた。それからは毎日毎日、食事の時間以外、太陽が昇っている間は、甲板に出て富士山が現れるのを待った。お陽さまが沈むと、「きょうも見えなかったね」とうなだれて船室にもどってくる。時間はまったくわからない。暗くなれば寝て、太陽が昇れば起きるという毎日だった。

母の発病

母は、乗船二日めごろから船酔いとともに体調が悪くなり、マラリアを発病した。栄養不足と過労、父と利子との別れ、日本へ向かう安堵感からだろう。軍医さんが何回か診てくれたが、良くならない。

ある日、母が「お米のごはんが食べたい」とトヨ子に言った。自分から何かを希望することなどなかった母。トヨ子は初めて聞いた母の希望を叶えてあげたかった。幸い、荷物のなかにどこで手に入れたのか、ほんの少しの米が袋に入っていた。トヨ子は飯盒に入れてお米をとぎ、甲板にある蒸気が出る棒で、やわらかいご飯を炊きに行った。

どれくらいの時間、蒸気の出る棒を持っていたのだろう。後ろに並んでいる人もいただろうに、誰ひとり「早くしろ」とか「まだなの？」と急かす人もなく、炊きあがるまで待っていてくれた気がする。甲板でのことはあまり記憶にないが、炊きあがったおかゆを母が嬉しそうに食べてくれたことは、はっきりと覚えている。

そのうちトヨ子も熱が出た。ふたりともマラリアのようだ。暗い船室で母とトヨ子は横になり、赤ん坊の世喜は乳が出ない母の乳房にしゃぶりついていた。

富士山が見えたのに……

ある日、清子と和子、世旭が甲板から階段を駆け降りてきた。

「見えた！　見えた！　おかあさん、富士山が見えたよ～」

その声を聞いた母は、深い深い呼吸をくりかえした。涙がやせた頬を伝わっていた。子どもたちも嬉しくて泣いた。

母は、船の揺れのせいか、衰弱しているせいか、何回か倒れながら、なんとか片方の肘で上半身だけ起こした。自分の枕元を囲んで喜んでいるわが子一人ひとりを、いとしげに、不安げに、泣きそうな表情で凝視している。

それを見てトヨ子は「もしかしたら、おかあさんは死んじゃう?」と一瞬感じた。そして母を慰めようと、「だいじょうぶ、私がいるから」と胸をたたいて見せた。

母はゆっくりとトヨ子に視線を向け、大きく深呼吸をしてうなずいた。

そして力なくベッドに上半身が倒れた。

「え~っ!? うそーっ、死んでいいって言ったんじゃないよ!」トヨ子は叫んだ。

その声に驚いたかのように、妹や弟も、「ダメー、どうしてー」「富士山が見えたのにー」「おかあさーん」と一斉に泣きだした。一瞬のことだった。

誰かが知らせてくれたらしく、米軍のドクターが来た。

十一月九日、午後三時だとアメリカ兵が告げた。そして水葬にすると言われた。

米軍からもらった二枚の毛布のうち、暖かそうな一枚で母をくるんでもらった。父が死んだときに母がしていたように、トヨ子は爪と髪の毛を少し切って、紙に包んだ。これが父の遺品とともにトヨ子たちの第二の貴重品になる。

熱の出ているトヨ子は立ちあがれなかったので、母は担架に乗せられ、妹ふたりと弟はアメリカ兵に伴われて甲板に出て行った。

おかあさんは長い板に乗せられて、斜めにして海に流したのだと、甲板から戻ってきた妹たちは、姉のトヨ子に報告した。

その夜は、つらかった。

まだ赤ん坊の世喜は、母を求めて泣く。

それを見て三歳の世旭が「あー、ハッパイしたね、おかあさんが死んで。セイキちゃん、かわいそうだよ」と赤ん坊に向かって話しかけ、やがて自分も泣きだす（ハッパイとは「損したね、失敗したね」の意味）。それにつられて姉たちも泣く。

世旭は、父との別れを経験しているし、母が海に流される水葬も見たので、死ぬということはもう会えないのだと理解していたのだろう。トヨ子たち姉弟たちは、一生の涙をここで流した。

周囲にも慰める人はいない。誰もが死に際にいる。そして毎日のように船尾から白い布にまかれ重りをつけて水葬される人が絶えなかったのだ。

「母を安心させようとして、とっさに自分の口から出た『だいじょうぶ、私がいるから』という言葉のせいで母が死んでしまったような気がして、この言葉がくりかえし頭に浮かびました。悲しくて不安なはずなのに、母を亡くした悲しさにも増して、妹や弟たちをどうしようということで頭がいっぱいでした。私は六年生の途中まで勉強したから、字が読めるし話せるけれど、妹や弟の教育はどうしようとまず思いましたね。私はあんまり勉強が好きじゃなかったけど、両親は教育熱心でしたから。それに、父と母が元気で平和なときは、私たち子どもが病気になると、父か母がずっとそばにいてくれたけど、これからは誰がみてくれるんだろう。私が病気になったら妹や弟はどうなるのか。とにかく自分のことより心配でした。やっぱり父や母のかわりに私がこの子たちを守らなきゃと、子どもながらに思っていたんでしょうね」

そのときの心細さ、熱にうなされながらどんなに心配だったかをトヨ子は思い出す。引き揚げ船に乗った日のような夕焼けを見ると、今でも悲しくなるという。

母が死んだ翌日一九四五年十一月十日、船は神奈川県の浦賀港に上陸した。

6　浦賀に上陸、子どもたちだけの暮らし

浦賀港引揚記念の碑

二〇〇六年十月、「浦賀港引揚記念の碑」という記念碑が建てられた。神奈川県の三浦半島の先端、江戸時代に黒船が来たことで有名な浦賀は、第二次世界大戦のあとも注目を集めた。八紘一宇と称して、アジア各地を侵略する国策によって、たくさんの兵士が中国や東南アジア、南太平洋の島々へと派兵され、移り住んだ民間人もたくさんいた。戦争に負けて、そうした人々が日本に戻ってくることになった。その引き揚げ船の受け入れ港の一つに浦賀が指定されたのだ。

第一便は氷川丸で、一九四五年十月七日に、通称「陸軍桟橋」に到着した。その後も、浦賀港の受け入れ数は東日本で最も多く、博多、佐世保、舞鶴に次いで四番目に多かったという。「浦賀港引揚記念の碑」には下記のような文章が刻まれている。

「昭和20年（1945年）8月15日、太平洋戦争は終結。ポツダム宣言により海外

の軍人、軍属及び一般邦人は日本に返還された。ここ浦賀港も引揚指定港として、中部太平洋や南方諸地域、中国大陸などから56万余人を受け入れた。

引揚者は敗戦の失意のもと疲労困憊の極限にあり、栄養失調や疫病で倒れる者が続出した。ことに翌21年、華南方面からの引揚船内でコレラが発生。以後、続々と感染者を乗せた船が入港。このため、旧海軍対潜学校（久里浜長瀬）に設けられた浦賀検疫所に直接上陸、有史以来かってない大防疫が実施された。この間、祖国を目前にして多くの人々が船内や病院で亡くなる悲劇があった。昭和22年5月浦賀引揚援護局の閉鎖で、この地の引揚業務も幕を閉じる。

私たちは再び繰り返してはならない戦争により悲惨な引揚の体験を後世に伝え、犠牲となられた方々の鎮魂と恒久の平和を祈念し、市制百周年にあたりここに記念碑を建立する。

横須賀市」

初めての日本

トヨ子たちが到着したのは、一九四五年十一月十日、氷川丸のような日本船ではなく、アメリカのジョージ・ノリス号だった。

フィリピンにいた民間人の日本人が、船上を後にして日本へと上陸した。日本に「戻ってきた」人もいたが、トヨ子たちきょうだいにとっては、初めての土地だ。

「まず感じたのは肌に感じる風の冷たさです。亀のように首が縮み、寒さでガタガタ震え、歯が合わさらなかったほど。私はやせ細った世喜ちゃんを背中におぶい、妹や弟は互いに手をとって、導かれるままに桟橋へ行きました。そこで止まるように言われると、白いマスクに白衣を着た男女が何か器械を持って待ち構えていました。一人ひとりの頭の髪にも、汚れきった服の中にも、シュウシュウとＤＤＴを散布するんです。もうむせるほどで、まっ白い粉だらけ、空揚げの衣みたいになりましたよ。『私たちはきたない』と思われているんだと感じましたね」

ＤＤＴは、ノミやシラミを退治するための薬だ。

トラックで海軍の兵舎らしい細長い二階建ての建物へと連れて行かれ、トヨ子たち五人は、奥から二棟め、二階の四畳半の和室が割り当てられた。戦争中に兵隊さんたちが使っていたらしく、布団もそろっている。日本の家のつくりは初めてだったが落ち着いた気分になったのは、やっと日本にたどり着いたという実感からだろうか。食事やトイレなど、ここでの生活について、何か説明があったのだろうが、トヨ子はまるで記憶にない。

母親がわり

　船上では、母の水葬に立ち会えず高熱で寝こんでいたトヨ子が、不思議なことに二日後の今は熱を忘れ、妹とさらに幼い弟たちの世話で明け暮れた。母に「だいじょうぶ、私がいるから」と啖呵を切ってしまった責任感からだろうか。

　近所の人から冬服や履物の差し入れがあった（とくに綿入れは有りがたかった）。なにしろフィリピンでは夏しか知らなかったトヨ子たち、冬用の衣服など着たこともない。一日三回、兵舎を出て食事を取りに行くときは、船の中で米軍からもらったカーキ色の毛布を頭からかぶって食堂に行く。

　食料配給所の前には二列の行列ができている。飯盒や器を手にして待っている間、トヨ子は他の人たちの姿に目がいってしまう。自分とどっちが痩せているか思わずくらべてしまうのだ。寒い風が吹くなかの行列は辛かった。今でも列に並ぶのがきらいなのは、このときの経験が影響しているのかもしれない。

　食事は、汁椀のふたに、しゃもじでパラパラの麦飯（麦だけ）をバッとたたきつけ、すり切りにする。それを各自が持参している器に裏返して入れる。四人分と申告すると、四つの低い山。これで四人分。おかずはアメリカ軍が使った馬鈴薯の皮（ただし厚めにむいてある）をしょうゆで煮たもの。ときどきタクワンがついた。麦飯をよそう仕草を行列でずっと見ていたので、その手順をすっかり覚えてしまった。

毛布をかぶったまま四人分の食料を持って部屋に帰ると、妹ふたりと弟が畳の上に輪になって待っている。六つの瞳がじっとトヨ子を見つめ、お皿に分ける手を凝視している。思わず手はふるえる。ヒナに餌を運んできた親鳥の心境、かわいい、とも思う。そして、フィリピンで避難していた時のひもじかった自分も、こういうふうな眼差しで食べ物を凝視していたのだろうとトヨ子は思い、父や母の気持ちが少しわかる気がした。

でもこの分量ではとても足りない。そんなとき、船の中の食料が役立った。自分がほとんど食べられなかった母は、クラッカー、チーズ、ビスケットやドロップ、粉ジュース、コーヒーを取っておいてくれたのだ。

十二月六日生まれ、生後十一カ月の世喜には粉ミルクが配給された。しかし、甘さが足りないので、トヨ子が「ドロップは世喜ちゃんのミルクに入れるから、ちょうだい」と八歳と六歳の妹、三歳の弟に言うと、「はい」と気持ちよく渡してくれた。自分たちも甘いドロップをどれほど食べたかったたか、トヨ子は今でも思い出しては泣けてくる。

洗濯のときも兵舎の外に出る。井戸端のポンプを押して水をくみ手早く洗う。外は寒いが、水はぬるくて気持ち良かった。だが、干しておくと誰かに持っていかれてしまう。洗濯のときだけではない。何でもちょっと自分の手から離したら、その瞬間に消えてしまう。

みんな困っていたのだ。そこで、トヨ子は、妹たちに手伝ってもらうことにした。脱水機などなかったから、生乾きになるまで干した近くで三人が遊びながら見張りをする。トヨ子はその間、世喜にミルクを作ってあげたりおむつを替えたりする。水が滴《したた》らないくらいの生乾きになったら、すぐに部屋に持っていって干す。

みんな、トヨ子を親と思ってがんばっていた。それでも、おねしょしたことのなかった三歳の弟が夜もらすようになった。トイレは水洗だったが水が出ず、誰かの便がたまり放題。寒い夜そんなトイレに行くのはいやで、間に合わず廊下や布団でしてしまうこともあった。濡れた布団や服、廊下の片付けもトヨ子がやるしかない。

こんなこともあった。近所の人が妹の清子に「おとうさんやおかあさんは?」と尋ねるので「いない」と答えると不憫に思ったのか、ふかしたさつま芋をくれたという。「お姉ちゃーん」と嬉しそうに芋を手に部屋に駆け戻ってきた清子。トヨ子は、両方の端を三歳の世旭に、皮を六歳の和子に、中のやわらかいところを十一カ月の世喜ちゃんにあげた。もらってきた当人である清子とトヨ子は食べなかった。清子は悲しかっただろうが、姉に文句は言わなかった。

母を亡くしてから世喜は笑顔もなく、母の姿を求めて泣くことが多くなった。それを見て「かわいそうに。おかあさんが死んじゃってハッパイしたね(失敗したね、損したね)」と世旭がつぶやき、みんながもらい泣きをすることもしばしばだった。

フィリピンのダリアオン収容所では、豚汁やけんちん汁にご飯が出たことを思い出すと米軍はさすがに豊かだった。しかし日本は国内の人々も食料不足で、そこにドサッと海外からやってきた引き揚げ者たち。自分たちも大変だったろうに、衣服や芋を差し入れてくれた近所の人たちへの感謝、収容所を運営した人たちの苦労をトヨ子はあとから思った。

引き上げ者の上陸地における応急援護のために浦賀には七カ所の援護所が作られた。写真はその一つ、中台援護所。(『浦賀港引揚船関連写真資料集』より)

あるときから、五十歳くらいの男性がやってきて、同じ部屋に泊まるようになった。遠い親戚の人らしく、昼間はほとんど外出し、夜になると帰ってくるという感じで、トヨ子はあまり覚えていない。きっと父も母も亡くなったときいて、自分が力にならなければとトヨ子たちの落ち着き先をさがしてくれたのだろう。

浦賀の収容所でトヨ子が印象に残っているのは、干し柿だ。洗濯場の向かいの崖に家があり、軒先に干し柿がつるしてあった。

「あ、これが矢野先生が国語の時間に話してくださった景色だ」

トヨ子の頭には、カリナン小学校の教室が思い浮かんだ。日本では渋柿の皮をむいて軒先にぶらさげること、その色や風情が、秋という季節だと矢野先生が教えてくれたのだ。矢野先生とは、収容所で別れたきりだ。「一足先に帰るよ」とわざわざトヨ子たちのテントにあいさつに来てくれた。妻をジャングルで亡くし、三歳くらいの娘さんがいながら、教員ということで収容所の世話役をしていた。そんな矢野先生のために、トヨ子の母親が先生と娘さんの洗濯物を川で洗ってあげていたことも思い出される。

それにしても、この寒さ、そして初めて見る柿の木。ここは日本なのだ。

トヨ子も五年生までは学校で勉強したので、日本語の簡単な読み書き、干し柿のような日本の風習について知識があるけれど、妹や弟はこれからどうするのだろう。教育熱心だった父や母のかわりに自分はどうしたらいいのか、そのことを考えると、不安で胸が押しつぶされそうになる。これから自分たちは一緒に暮らせるのか。妹や弟とバラバラに沖縄の親戚かどこかに引き取られるようになるかもしれない。恐怖と寂しさとで、トヨ子は次第にうつむいてばかりいるようになった。

「私と東京に行きましょうね」

そんなある日、世喜ちゃんのミルクを飯盒で溶いてガラガラとまぜていたとき、すーっと部屋の扉が開いた。収容所の係の男性と一緒に、「こんにちはー」と断髪の小柄な女の人がにこやかに入ってきた。男性の説明を聞きながら、その女性はトヨ子たち一人ひとりを見ている。そして

「私と東京に行きましょうね」と言った。八重歯が見えた。

トヨ子は全身のやすらぎを感じて、「はい」と返事をしていた。

「この人はだいじょうぶ」と表情から直感的に思い、近寄りたいとさえ思った。

東京という言葉も、母からたびたび聞かされていた。親戚のおじさんが東京で小学校の先生をしているということで、教師という仕事を尊敬している母は東京にも好感を持っていたのだろう。

八重歯の女性は、トヨ子と妹ふたり、弟ふたりの頭を一人ひとりなでてから帰っていった。

7　初めて迎えた東京の冬

世田谷の三宿へ

トヨ子が「この人だ、この人なら大丈夫」とひらめいた女性の名は益富鶯子《ますとみおうこ》。この時、三五歳。キリスト教系の団体から、孤児のための施設の運営をまかされたところだった。（鶯子については、次の章で紹介する）

二日後、鶯子は子どもたちを迎えに再び浦賀に来た。カーキ色の軍服を着た若者たちも一緒だった。トラックに乗せられたのは、トヨ子たちきょうだい五人のほか、女子三人、男子四人。ミンダナオ島から来たのはトヨコたちも入れて八人、ルソン島のマニラからが四人、合計十二人。フィリピンからの引き揚げ孤児と呼ばれる子どもたちだった。

みんなやせ細って無表情。大人に寄りかかるようにしてトラックの荷台に乗せてもらった。トヨ子は世喜を背中におぶい、妹や弟も一緒。荷台は寒いので毛布をまとっていたが、ある子は大人のワイシャツの袖に足を通してズボンにし、またある子は胸にＰＸ（米軍購買部）と書かれた米兵の軍服に似たダボダボの上着を着ていた。子どもたちは口はポカンと半開き、目だけはギラギラとして上目づかいに人をみる。

トヨ子が最年長で十二歳。自分の名前を知らない子もいて、上陸したのが浦賀だからと、のちに鶯子が「浦賀登」と名付けた六歳の男の子もいた。

こうして収容所から京浜急行の浦賀駅に到着。駅を見るのも初めて、電車に乗るのも初めて、トヨ子は「すごく大きくてびっくり」した。京浜急行の駅長さんは、子どもたちのあまりに衰弱した様子を見て、前のほうの車両一台を貸し切りにしてくれた。向かい合わせの二人がけ赤い椅子に、一人ずつ横たわる。

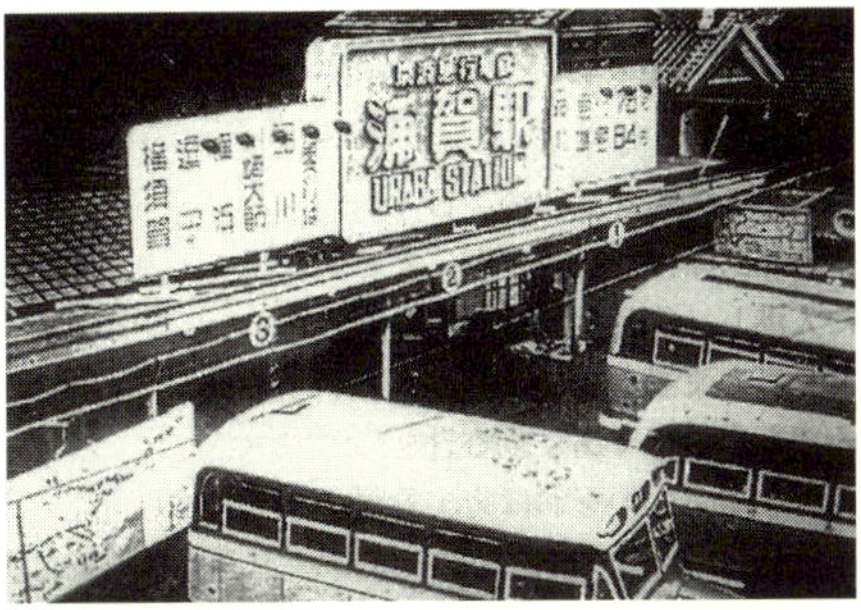

京浜急行の浦賀駅。（『浦賀港引揚船関連写真資料集』より）

朝のラッシュアワー時、駅につくとホームには人がたくさんいるが、鶯子が伴ってきた軍服姿のお兄さんたちがドアの前に仁王立ちになって、他の乗客を乗せないようにしてくれる。

何時間乗っただろうか、終点の品川駅に着いた。

おとなにおぶさる子、手を引いてもらってやっと歩く子、立つ力がなく、着ている服をズルズルとひきずりながら階段を四つん這いであとずさりするように降りて行く子。このときは、世喜ちゃんを鶯子先生が抱っこした。

子どもたちの足元もふらふらなうえに、電車から降りて駅前に駐車してあるトラックに乗るまでの大変なこと。人々が押し寄せてきて、「どこから来たの？」「引き揚げてきたの？」「お父さんやお母さんは？」と矢継ぎ早に質問するのだ。答える元気はない。青年が群衆を押し返して子どもたちが前に進む、するとまた人々が声をかけながら押し寄せてくる。その繰り返しだった。

敗戦後の東京の混乱期、人々は貧しく衣食住に困窮していたとはいえ、海外からの引き揚げ者、それも子どもの姿はよほど悲惨で珍しいものだったのだろう。今までの船と収容所では、引き揚げ者と世話をしてくれる人たちの間にいて、自分たちの姿が当たり前だと思っていたが、いきなり社会の眼にさらされて、「え？　私たちっておかしいの？」とトヨ子は思った。

トラックが走りだすと、「ごめんごめん。びっくりしたでしょ。もうだいじょうぶよ」と鶯子が子どもたちに向かって話し始めた。

東京も空襲で焼け野原になって大変だったこと、これからみんな一緒に暮らすことを説明してくれた。

「初めての電車が一車両を占領しての特等席でしょ、しかも無賃乗車ですからね、今でも京浜急行には感謝しています」

今でこそトヨ子は笑うが、かなりのカルチャーショックだった。

三宿の兵舎跡でお風呂に入る

着いたところは、世田谷の三宿にある陸軍の兵舎のあと。コンクリートの床に急ごしらえで畳が敷かれ、その上に布団。すぐに布団に入りこんだ。部屋は底冷えし、布団から手も足も顔も出せないほどの寒さを感じる。一九四五年十二月十四日になっていた。

三宿での一日はこんなかんじだった。

朝、毛布にくるまって子どもたちがゾロゾロと起きてくる。まずは日向ぼっこ。誰もしゃべらず、笑いも言葉も忘れたかのようだった。

食事は、浦賀のパラパラの麦飯とちがい、ヒエのおじや。おいしかった。それでもなぜか小さな子は下痢になってしまった。

「さあ、お風呂に入りましょう」と職員に連れて行かれたのは、長い廊下の先にある寒い場所。ドアを開けると、大きくて深い鍋があり、底のほうで火が力強く燃え薪がパチパチとはぜている。

トヨ子は「小学校のとき矢野先生に聞いたお風呂はこんな形だったなあ」と思ったものの、木のふたをとると湯気がもうもう。小平さんというおばさんがお湯をかけて洗ってくれたあと、「え？　この中に入るの？」とたじろいでしまった。だってなべの底はやけどしそうに熱いのだ。「お湯に浮いてる踏み板をふんで入るのよ」と教えてもらい、こわごわ湯に入る。五右衛門風呂だ。

こうして小平さんたち職員のおばさんたちが、子どもたちのからだを洗っていく。どの子も一本一本の肋骨が浮き上がり、そこに皮がはりついているような痩せた身体、髪の毛も栄養失調で真綿のようにポワポワで頭皮が透けて見える。洗っても容易にはとれない垢。「苦労したんだねぇ」と涙ぐみながら洗ってくれた。

三宿の兵舎は寒く、ここでは衰弱した子たちを育てられないと考えた鶯子は、毎朝、子どもたちに何かお話をしたあと外出していた。もっと環境のよい場所はないか、世話をする職員に支払うお金の工面など、いろいろなところに交渉していたのだ。

「鶯子先生はほとんど外出していましたが、朝や夜、姿が目に入るだけで安心しました。寒かったけど、心は暖かかったし、それまでの不安はすべてとれました」とトヨ子は振り返る。

ある日、鶯子が「いい所が見つかったわ、そこへ行きましょう」と満面の笑みで子どもたちに語りかけた。こうして三宿での約一週間の生活が終わり、足立区の愛恵学園に移動することになる。

愛恵学園へ

　翌々日、子どもたちはまたトラックに乗って、世田谷から足立区本木町へ移動した。到着した愛恵学園にトヨ子はびっくりする。

　広い敷地の中に、三つの西洋館が建っている。それぞれ愛の家、恵の家、泉の家と名付けられている。庭には芝生がしきつめられ、各棟の間には花をつけたサザンカの木、周囲にはプラタナス、ドウダンツツジ、椿が植わっている。

　真ん中の建物・愛の家に入ると、ピカピカに磨き上げられた木の床と階段、チョコレート色の板張りの壁。図書室には本がたくさん並び、食堂には楕円形の大きなテーブル。このテーブルは、板を嵌《は》めこむと、さらに大きくなる。トヨ子たちは驚きの眼で見ていた。食器棚には、初めて見る高級なコーヒーカップや紅茶用のティーカップ、美しいお皿が並べられ、子どもたちが日常的に使うことになる。

　オルガンや、子どもの背丈ほどもある蓄音機、ラジオもある。トイレも水洗、タイル張りできれいに輝いている。

「寝転んでも平気なくらい清潔だ」と、トイレのタイルの床を見てトヨ子は感じた。

　暗い地下から、いきなり地上の天国のような世界に住むことになった驚きと嬉しさがトヨ子を襲う。死に別れた父や母、そして行方のわからない妹の利子のことが思い出される。自分たちだけがこんなに素晴らしい所に来て申し訳ない気持ちだ。

新しい生活が始まった。

職員スタッフは、リーダーの益富鶯子。食事担当の新渡戸キミ。医師の岩間哲郎。聖路加病院の看護学校に通いながら住み込みで子どもたちの看護を担当した相澤郁子。このほかにも、早朝から地域のボランティアの人たちがやってくる。館内の掃除をする人、野菜を届けてくれる人、子どもたちの様子をみてくれる人。

やがて、ミッションスクール（キリスト教系学校）の女子学生も訪れるようになる。東京女子大、青山学院、東洋英和など、美しく上品なおじょうさまたちは、トヨ子たちにとってまぶしすぎる存在だった。

引き揚げ船で、母とともにマラリアにかかったトヨ子は、妹や弟を自分が守らなければという極度の緊張と責任感のせいか、一時は熱が下がっていた。

しかし、鶯子に出会ってほっとしたのだろう、三宿や愛恵学園でたびたび高熱を出すようになった。鶯子は聖路加病院の医師たちに協力を得ていたため、アメリカ軍からの伝手《つて》で、日本では入手困難な薬も手にいれることができた。

マラリアに効くキニーネと、安心した暮らし、栄養も衛生状態も良くなったことで、トヨ子のマラリアの症状はおさまっていった。

といっても、そのときトヨ子は自分のマラリアという病名を認識していたわけではなく、「キニーネを飲むと熱が下がって元気になる」と思っていた。その後、日本の小学校に通うようになったとき、校庭で学校の先生に「この子、黄疸だわ」と言われると、トヨ子は「先生、これ、キニーネ」と答えたという。

世喜ちゃんとの別れ

一九四五年の年末も近づいてきた十二月二十三日、亡くなった母のかわりにトヨ子が必死で世話をしてきた世喜が、死を迎えた。世喜は前年の十二月六日生まれ、一歳と二週間の命だった。鶯子はこう記録している。

「去る十二月二十三日この日は私共にとって一番悲しい憶い出の日となってしまいました。一番年少だった世喜チャンと突然の訣別をよぎなくせられた日です。三八度程の発熱があったので、その頃、肺炎で病室に寝て居た兄さん（世旭—四歳）の隣りのベッドに移しました。

泣きもしません。苦痛を訴える様子もありません。注射がきいたのか熱も一晩で去り、先づ一安心と思ったのですが、今度はすっかり食欲を失って、ミルクも、果汁も何も一切口にしなくなってしまいました。

初めから『アーアー』と泣き声は出しても一度も涙を流したことがない子でしたが、愈々体中が細く萎びて行く様子、この上衰弱が加っては注射等で極力快復につとめて居りました。

発病から三日目のお昼でした。検温をしようとすると何時になく顔を歪めて嫌そうにするので検温をやめました。丁度その時隣のベッドに寝て居た世旭ちゃんが用便を訴えるので大急ぎでその方の面倒を見ていると『アーンアーン』と息がつまるような声を出すのでびっくり大急ぎ振り返って見えた瞬間、一、二度口をパクパクさせたかと思うと静かに目を閉ぢてしまいました。あわてて脈をさぐってみましたがもう脈を感ずることが出来ません。

『世ちゃん、世ちゃん』夢中で呼んでみましたが応えもありません。まるで蝋燭の火が一陣の風にゆられていたかと思うとパット消え去る時の様なあっけなさです。

『死?』世ちゃんは死んでしまったのでしょうか、私は余りの驚きにクラクラと目の廻る思いがして、ベットの側にペッタリと坐ってしまいました」

当時、物資がことごとく不足しており、棺もなかった。木のみかん箱を白いシーツで包み、その中にやせ細った遺体を横たえ、学園の庭に咲いている紅、桃、白のサザンカの花を飾ってあげた。みかん箱の薄い板を一枚ずつのせて釘を打った。

涙は出ても声は出ないトヨ子。すべての音が消えたように感じた。ただ、鶯子と東京女子大のお姉さんたちが歌う讃美歌が耳に入ってきた。死者を送る讃美歌というのがあることをトヨ子は初めて知った。

一九四五年の一年間に、トヨ子は、父、母、そして一番下の陽気でかわいい弟を亡くした。もうひとりの弟、四歳の世旭も高熱を出していたが、聖路加病院から入手したペニシリンのおかげで、元気を取り戻すことができた。

8　奉仕に生きる政助と鶯子

苦学してキリスト教に出会った父

トヨ子たちの親代わりになる益富鶯子とは、どんな人物なのだろう。

鶯子は、一九一〇（明治四三）年十月二十日、キリスト者の益富政助、きの夫婦の長女として東京都新宿区大久保にて生まれる。同じ年に看護婦で有名なナイチンゲールが亡くなったため、両親は彼女のようになってほしいと願ってナイチンゲールの日本語訳ウグイスから「鶯子」と名づけた。

鶯子には、兄・献一がいたが五歳で亡くなってしまった。鶯子の下には妹がいる。両親は、福音の宣教を志すことを願って宣子《のりこ》と名づけた。

父も母も決して裕福な家庭の出身ではなく、母・きのは親を早くに亡くし、キリスト教系の孤児施設で育った。父・政助も親の経済援助がなかったため、苦労して学業を積んだのち、国鉄（現在のＪＲ）を中心に鉄道職員にキリスト教の布教をしていた。

益富鶯子１歳のころ両親と。右は兄の献一

父・政助の思想や生き方は、鶯子に影響を与えていたと思われる。鶯子を含め、キリスト者による奉仕や福祉活動を知る上でも興味深いので、まずは政助の人生を少し覗いてみよう。

政助は、熊本で高等小学校を卒業し、農業に就いたが、一、二年すると、違う仕事をしたくなった。ところがその頃、政助の父は、連帯保証人になっていた人物の破産により、自らも破産してしまう。

親の援助を当てにでき

なくなった政助は、地元、日吉町役場の小使いや、郡役所の書生をしてお金を貯めてから、貿易商をめざして英語の勉強をしようと決意する。

キリスト教伝道所で紹介状を書いてもらい、長崎の東山学院に入学を許される。お金がない政助は、寄宿舎代を稼ぐため、そこで賄いの仕事をさせてもらう。料理人の女性職員はいたので、政助の任務は材料の買い出し。毎朝の授業に少し遅刻するが、これで寄宿舎と食費は何とかなった。学費は、文房具を卸問屋から仕入れ、生徒たちに販売し、その利益で支払った。

三年生のとき、学長が苦学生のために学生労働会をつくり、西洋人向けの洗濯屋を始めたので、そこでバイトをする。政助はやがて支配人をまかされ、東山学院（旧制中学、いまの中高にあたる）の五年間、親の仕送りなしで卒業した。

母親は「わが子に学費を送ることもできず、親の資格がない」と泣いたというが、自分のやりたいことを実現するためには、相手に掛け合って交渉するバイタリティのある息子だったのだろう。商才もあったのかもしれない。それにも増して、意欲ある苦学生が学べるようにと援助を惜しまない大人たちの姿が、政助の書き残したものから窺える。

英語を身につけて横浜で貿易商になる予定だった政助は、東山学院での聖書の時間を通じてキリスト教に出会い、その後の人生を決めることになる。上田敏の『耶蘇』（博文館）に感銘し、内村鑑三の話を聞きに東京まで出かけ、信仰を深めていく。

東山学院を卒業、宗教に磨きをかけるため、東京の明治学院高等学院に進学したのが一九〇〇（明治三三）年、二二歳のとき。相変わらず学費はないので、東京ＹＭＣＡ同盟本部の事務員として働かせてもらう。東山学院時代から知っていたアメリカ人宣教師ゲーレン・フレッシャーが東京ＹＭＣＡ同盟本部の名誉会長だったので、彼に紹介してもらったようだ。

明治学院で学びながら、植村正久、井深梶之助、山室軍平、新渡戸稲造などのキリスト教指導者に接する。

日露戦争が一九〇四（明治三七）年に始まると、ＹＭＣＡ同盟の一員として満州（中国東北部）の軍隊慰労事業に参加した。ハガキや封筒を無料提供し、字の書けない兵士のための手紙代筆、理髪のほか、ピンポンの遊具を提供し、レコードを聞かせ、幻灯を見せたという。

妻きのとは、「明治四十年、それまで一度も見たこともない今の家内と結婚」した。井深梶之助夫妻の媒酌、植村正久が司式だというから、キリスト教の人間関係での紹介だろう。交際期間もなく、顔すら見ないでの結婚に、抵抗はなかったのだろうか。

鉄道職員への布教と組織づくり

結婚した翌年の一九〇八（明治四一）年、国鉄・飯田橋駅での政助の講演に感銘を受けた鉄道関係者からの依頼で、職員に向けて定期的に話をするようになった。（やがて東京市電、京浜電車、東武鉄道などでも講演するようになる）

そこで政助は、「鉄道青年会」という組織をつくる。鉄道職員への教育や福利厚生が必要だと感じていた国や経営者と、鉄道関係者に伝導したいキリスト者との協力関係から生まれた組織のようだ。

発起人代表は、江原素六、新渡戸稲造、大隈重信。募集要項には「基督教徒たらねばならぬ義務はありません」とある。

ちょうどこの年、「帝国鉄道庁」は、幹線系の鉄道会社十七社を加え「鉄道院」と改めた。「鉄道院」発足式の翌日に「鉄道青年会」も発会式を行い、鉄道の管轄である逓信省大臣・後藤新平が挨拶にきた。

後藤新平が「鉄道青年会」に保護を申し出たのに対して、政助は御用団体に堕するのを怖れて拒絶したという記録もあるが、その後「青年鉄道会」は、一貫して鉄道院総裁（後の鉄道大臣）を顧問に迎えている。会員の数も順調に増えていき、一九一六年には国鉄、私鉄あわせて、三万人以上（従業員は約九万人）になった。

当時は、仕事中に怪我をして退職せざるをえない職員が多く存在した。政助は、身体障害者となった彼らのための職業訓練学校や、鉄道殉教者の遺児のための保護事業に取り組むようになる。

さらに、事故を防ぐ労働災害防止や安全教育、小中学生への交通安全（鉄道の重要さ、線路に石など置かない）にも携わってきた。

鉄道布教のほか、廃娼運動にも名前を連ねている。満州に行ったとき、日本から渡っていった娼婦たちの惨状に接したのか、その後「満州婦人救済会」で中心的に活動したと伝えられている。

吉原の火事で娼婦たちがたくさん死亡した後、廃娼運動の盛り上がりのなかでの演説会でも演説し、一九一一年七月八日創刊の雑誌「廓清」の編集人にもなっている。同日、神田美土代町青年会館での「廓清会」発会式では基調報告を担当した。このとき、足尾鉱毒事件で有名な田中正造も飛び入りで演説し、聴衆は田中の涙ながらの公娼廃止の訴えに感動したとの記録もある。

政助は『公娼制度廃止論』（一九二九）で人道問題としてわかりやすく論じる中で、日露戦争のころ中国・大連の祭りの夜、次のようなポンチ絵の燈篭が町筋につるされたと書いている。「一人のうら若い娘を真裸に腹ばひに寝せておき、その臀部に、山海の珍味を盛った春慶塗りの立派なお膳を据へ、そこに鬼みたやうな大の男があぐらをかいて盛んに酒をのみ、料理を平らげてゐる」。この記述に続けて政助は「ひどい国、娘の尻で国を立て」と綴っている。保護した日本人娼婦の中には、十二、三歳の子もいたという。

このように、廃娼運動や鉄道関係の伝導者として、自分の足で現場を歩きまわり、行政・

政治関係者とも連携し、他の社会運動家と共に行動するなど、精力的に活動していた政助は、ひょっとすると家庭を顧みない仕事人間だったのかもしれない。八五歳のときには、こう振り返っている。

「私自身は妻や娘達に対し、はなはだしく『不幸者』でありまして、いつも申訳なく恐縮しております。例えば、日本人中およそ私ほど旅行の多い人間はきわめて稀であろうと思いますが、家族と共に旅行したことは、たった一度もありません。父の病死の際、妻と一緒に故郷へ行ったことが一度ありますが、二人の娘は一度も一緒に旅行をしたことはありません。……東京近郊に住んでいながら、遊覧バスに乗せたことも、芝居や映画に連れ出したことも一度もなく、デパートの食堂で一緒に食事をしたこともありません……今でも仕事から仕事と、追われており、この点私は妻子に対し、頭を地につけて赦しを乞う外ありません」

（一九六三年一一月一五日）

献身的に布教活動をし、家族と過ごす時間があまりない父を見て育った鶯子も、自分のプライベートな時間よりも孤児たちのことに懸命だったという意味で、父と同じような道を歩んでいった。

保護施設の就職日、泥棒に財布を持たせる

鶯子は一九二八（昭和三）年に青山学院高等女学部を卒業し、東京女子大学高等学部へ、三一年同大学部英文科に進学する。当時の女性の教育環境としては、かなり恵まれている。女子学生のときからボランティア活動を熱心にしていた。

一九三四（昭和九）年、東京女子大学を卒業する時に学長・安井哲子の勧めもあって、東京足立区本木町一丁目にある子どもの保護施設・愛恵学園に就職した。アメリカの宣教師シルドレット・ペインがやっている事業だ。自分も布教や奉仕活動に忙しい父親は、娘の決断に反対はしなかった。それでも、大学の寮生活のあと一日だけ自宅に泊まり、翌日から愛恵学園に泊り込んだというから、母も父も本心では寂しかったのではないだろうか。

愛恵学園での最初の夜、布団に入った鶯子の部屋に、なんと泥棒が入ってきた。気がついた鶯子は慌てず騒がず、こう語りかけた。

「何の御用ですか？　私は寝巻きなので布団から出られません。そこにある財布をもっていってください」

泥棒を見逃しただけでなく、財布を持たせてあげた。その後、泥棒が警察につかまり、鶯子も取調べられたが、「あれは盗まれたのではなく、私がさしあげたのです」と証言し

東京女子大のころ（左から政助、鶯子、宣子、きの）

たため、後日、泥棒は鶯子のところに挨拶にきたという。

鶯子の仕事は、「貧民街の未就学児童保護及び児童の教化事業主事」。ベーゴマで遊んでいる男の子、幼い弟妹をおぶって歩いている子をみると、「この子たちは学校に行ってないな」と直感し、「愛恵学園に遊びにきなさいね」と話しかけ、おやつをあげたり読み書きを教えた。

一九三九年四月二十七日の出来事を、鶯子と一緒に働いていた職員・篠川《ささがわ》（旧姓わしず）すみは、はっきりと覚えている。

三畳の部屋に親子五人が暮らしている次郎ちゃんは、土瓶がひっくり返って大やけどをした。母親はすぐに近所の病院に連れて行ったが、お金の有無を聞かれ、ないとわかると瀕死の子どもを助けてくれない。母親は愛恵学園にかけこんできた。鶯子はお金を持って病院へと走ったが、時すでに遅く、次郎ちゃんは亡くなってしまった。三分の二以上の大やけどだったので、すぐに処置しても助からなかったかもしれない。それでも「本木町では、まずお金の顔をみなければ処置できない。あとで持ってきたためしがない」という医者たちのあり方に、鶯子も他の職員も涙を流したという。

母親のいない父子家庭も多かった。父親は朝四時ごろにリヤカーをひいて東京の中心部に出かけて暗くなるまで屑を拾う「バタ屋」をしている。留守番の子どもたちは、空腹になると父からもらった三、四銭のお金を持って残飯屋に行き、外で食べたり家のなかの万年床で食べたりという状態。さまざまな事情から、三度の食事を食卓でとること、衣服が汚れたら洗濯することができない家庭で暮らす子がたくさんいた。

こうした環境にある子どもたち四、五十人（赤ちゃんから十二歳くらいまで）が、愛恵学園にやってきて、午前中は勉強したり遊んだりお手伝いをして、昼ごはんを食べてから午後一時ごろに帰宅するという生活をしていた。

地域に根づきつつあったこの施設も、戦争が激しくなるにつれ、アメリカの財団の補助打ち切りで資金難となり、一九四二年、閉鎖となる。鶯子は、日本キリスト教団本部で、キリスト教社会主義者といわれる賀川豊彦の秘書として働くことになった。

戦争中のこんなエピソードがある。

一九四二年か四三年、教会の仲間たちと平和の問題を論じていたとき、牧師の中山昌樹が「いよいよ戦がひどくなれば、私とて戦に参加しなければならないだろう」と言った。すると鶯子は、「先生はそれでも平和を愛するキリストの弟子ですか？」と涙をためながらじっと見つめた。

このとき一緒にいた榎本愛子は、「あの目はこわかった」と述懐している。（注：榎本はその後、福岡女学院の院長になった）

空襲を逃れながら、戦災孤児の救援活動

空襲が激しくなっていき、鶯子の母・きの、妹・宣子は知人を頼って福島県伊達郡に疎開する。鶯子には軽井沢に疎開する話もあったが、賀川豊彦と行動をともにするため、東京に留まることにした。

一九四三年、祖母と妹にあてて、東京の様子を伝える次のような手紙を書いている。伏せ字の××は「空襲」だろうか。

「昼になりました、サイレンが鳴りました、御飯を急いで食べていると××になりました。今解除になりました。何時この家が住めなくなるかは時の問題でありましょ

う、覚悟していなければなりません。今日一日今夜一晩と一日一日を感謝して行かねばなりません。家のない人の事を考えます。一切を焼失して不自由している人のことを考えます。親を失った人の事を考えます、子に別れた親の気持を思います。どうか静かに田舎で田園と美しい山と鶏と兎と小鳥を相手に出来る自然の懐の生活に限りない感謝と幸福を数え数えて感謝の中に明るく朗らかな日々をお過ごし下さい。……

家の報告をします、垣根取壊命令が来て、柴田さんでも吉阪さんでも渡辺さんでも自由自在に通り貫けの様になりました。一寸ハダカで居る様な変な気持がしますが防空上仕方のないこと焼けることを考えれば何でも我慢でしょう。……垣根のあとに豆の種をまきました。豆の垣根を作って、たべたりながめたり、目かくしにしたりと三徳を考えて居ります。……

隣組の林さんのパパもママもほっそりしました。みんなやせて行きますよ。……これからは何でも愈々乏しくなるばかりでしょうから。賀川先生は今年は飢饉だといわれたそうです。そちらも御注意なさいませ。

O子」

（一九四三年五月二十五日）

日本各地への空襲によって母親や祖父母、親戚も失い、父親も戦地で亡くし、孤児となった子どもたちが、すでに戦争中から上野駅の周囲にいた。

鶯子は、自らも空襲にあい、食糧調達のための買い出しなど日々の暮らしに追われながらも、戦災遺児を救援する厚生省分室の仕事に携わっている。この時期は、父親の政助と行動を共にしていたようだ。ふたたび、母と妹への手紙から引用する。

「この汽車（注：福島県二本松から朝の九時発で上野に向かう）で大宮駅に入る頃、空襲警報発令、それ以来、空襲、空襲とまるでグラマンに追い廻されている様にして宇都宮近くまで来ました。宇都宮の一つ手前の氏家という駅に入った時、五機のグラマンがやって来たと思う瞬間、ドーンバリバリ頭上でものすごい機銃の音、みんな大急ぎでシートの下にもぐりこみました。やがて体を起し、ソロリとヨロイドをあげて見るとすぐ目の前の駅のブリッジに弾痕、そしてホームには板の破片等が飛びちっていました。敵機は波状的にやって来ますから汽車はジーッと待避していました。……それ以来又々幾度となく敵襲、敵襲ときかされながら赤羽へ着いたのは午後の四時でした。よくも無事に帰れたと思います。それから（世田谷の）経堂へ真直ぐに、新大久保から家の焼跡をよく見ましたが、扉は閉って居ました。

……私は昨日（十一日）賀川先生にお目にかかりお爺ちゃん（注：父のこと）も一緒で、厚生省や戦災救護会に行きました。今日これから下谷警察、上野駅等を廻ります。又の仕事は厚生省分室、戦時生活問題協議会（会長伯爵有馬頼寧）の戦災遺孤児の係りで主事というそうです。汽車に乗る時は厚生省から、自由に証明をとれます。きっとあちらこちらへも出かけましょうから福島行も案外気軽に行くと思います。毎日の様に上野駅には捨子あり、病気の行倒れありだそうです。弱い人々を助ける仕事は、神様が一番お喜び下さることと信じますから、これから喜こんでつとめるつもりで居ります」

戦局が悪化するなか、国は「戦災遺児保護対策要綱」を一九四五年六月二八日に出している。

「戦災ニ依リ親権者其ノ他ノ直接保護者ヲ失ヒタル乳幼児・学童及青少年ニ対シ国家ニ於テ之ガ保護育成ノ方途ヲ講ジ殉国者ノ遺児タルノ衿持ヲ永遠ニ保持セシムルト共ニ宿敵撃滅ヘノ旺盛ナル闘魂ヲ不断ニ油養シ強ク正シク之カ育成ヲ図リ以テ子女ヲ有スル父兄ヲシテ後顧ノ憂ナク安ンジテ本土決戦ニ敢翻セシメントス」

孤児を救うといっても、「孤児を強く正しく育成することによって、子どもをもつ親が後顧の憂いなく本土決戦できるようにする」という文言に現れているように、子どものことを考えてというよりは、戦争遂行、戦意高揚のための保護対策である。「孤児」という名称をやめて、「国児」と呼ぶという指示もあった。労働力になり兵力になる子どもは、天皇の赤子《せきし》、「産めよ殖やせよ」の垂れ幕が役所に掲げられ、若い女性や妊婦は「子宝部隊」と呼ばれた時代である。

鶯子は、戦争が始まる前のキリスト教宣教師たちとの愛隣団での活動と、こうした戦争中の厚生労働省直轄の活動との間のギャップに戸惑うことはなかったのだろうか。当時の彼女の心情を知る手がかりはないが、大義名分はどうであっても、目の前の困っている子どもたちを救うことに必死だったのかもしれない。

上野の山で野宿をしている子どもたちを「一斉検挙し各種団体に依頼収容」するために上野駅の南側に行ったときのことを、鶯子は「戦災遺児救護部日誌」にこう記している。

「灰とごみの焼けたビルの階段をのぼると、いつもと変らぬ子供の声、高い話声、三階に入れば五十名余と思われる人、八、九才から十五、六才までの男女児、灰やコンクリート、さては破れガラス、針金等で一杯の床の上に、坐ったり寝込だり素足のまま歩き廻ったりして居る。

子供達は少しも恐れて居る様子もない、悲しんで居る様子もない、山に居る時と少しも変らぬ様子で喜々と語り、互にたわむれて居る。

私は山で語り合って親しくした子供をその中にたずねてみたが見あたらない、顔の見おぼえのある子供にたずねてみた、『デブさんはどうした』子供は、走る様子をしてみせた。『和夫さんは』足を指しながら、『早いんだよ』という。『木村は』『あれもズラカッタよ』という話。この日の彼等の会話から私は次のことを教えられた。比較的様子のよい子供が山へ来て月の浅い子供かと思ったのは誤りで彼等は老練なツワモノで腕のよい者達だったのだ。体につけて居る衣類も或はカッパライ或は人の同情を求めて得たもの、又は、城明、荻山等の収容施設から逃げ出す時に持ち出したものという事が判った。

やがて彼等は年令別にせられ、子供の家、杉並学園、養育院、少年審判所等々に引きとられることになった。

……救いの手は各方面にのべられなければならない、暗黒面に住む人々のために、もっと心を用いねばならない。各収容所に迎えられた子供達をたづねてその後の生活を調べねばならないと思って居る」

（一九四五年七月十一日）

このような仕事を積み重ねてきた鶯子が、トヨ子たちと出会うことになる。

鶯子の妹・宣子は結婚して娘マリ子が生まれたが、夫が戦地で病死。父母と一緒に暮らすようになった。

子どもたちが安心できる場を求めて

敗戦後の一九四五年十一月、鶯子は賀川豊彦から戦災孤児収容施設・愛隣団の開設主事に任命され、浦賀の南方引き揚げ戦災孤児収容所に子どもたちを迎えに行くことになった。放置されたような栄養失調の子どもたちの姿、おとなたちの戦争の犠牲になった姿を目のあたりにして、「この子たちを救わねば」という使命感に火がついたことが想像できる。

鶯子が担当することになったフィリピンからの引き揚げ孤児たちの養育は、社会福祉法人愛隣団の養護部という位置づけだった。とはいえ、戦前、台東区にあった愛隣団の建物は戦争で焼けてしまい、鉄筋コンクリートの骨組みしか残っていなかった。

そこで、浦賀の収容所から引き取った子どもたちを、世田谷三宿にある陸軍兵舎跡へと引き取った。ところが、いざ行ってみると、骨と皮に衰弱した子どもたちが初めて経験する寒さを考えると、ここでは安心して育てられないと感じた鶯子。毎日外出しては各方面に交渉した結果、足立区の愛恵学園へと引っ越すことになったのだ。

愛恵学園は、一九三〇（昭和五）年にアメリカの宣教師ミス・ペインが開設し、鶯子が大学卒業後に働いていた施設だ。戦争の激化にともない、ミス・ペインがアメリカ本国へ帰国、他の職員もそれぞれの国に戻り、保育所、診療所、子どもクラブなどの活動は停止していた。だが建物は空襲に遭わず、大きな西洋館は健在だった。
このとき、鶯子が奔走した相談相手のひとり、谷川貞夫は、こう回想している。

「鶯子くんが愛隣団の事業のなかで引き揚げ孤児の仕事を担当するようになったのは、終戦後の混乱がまだ続いている時期であった。彼女は、フィリピンからの引き揚げ孤児を三宿の旧兵舎から移転したいという問題をもって、拙宅を訪ねてきた。当時私が責任をもっていた愛隣団は、東京、足立区本木町の友誼団体愛恵学園の施設（当時事業休止中）に仕事を移して、地域の罹災者救護や保育などの地域的な事業をしていた。元来、愛隣団はセツルメントであり、引揚げ孤児の仕事にまで手を伸ばすことは、本質的にもまた財政的な点でも問題があった。しかし緊急を要するということ、鶯子くんの熱心さにうたれて、セツルメントの機能のなかに孤児収容の仕事をとり入れて、その機能的な調整と融合への努力をこころみることにふみきったのであった。おそらく彼女個人の仕事として自由に運営することを期待していた人たちもあったことと私は推察していたし、私自身も、鶯子くんには制約のない独自のやり方での活動が適当だと思ったことは事実であった」（『益富鶯子追憶集』における一九七〇年当時の谷川貞夫氏の肩書は「早稲田大学・日本社会事業大学教授、社会福祉法人愛の友協会理事長」）

大学を卒業してすぐ、キリスト教系の施設で地域の貧しい子どもたちのために泊まりこみで仕事をしてきた鶯子は、戦争中も活躍の場は変えながらも孤児の救護事業に関わってきた。

今度は、フィリピンから引き揚げてきた子どもたちと、自分の最初の職場である愛恵学園で生活していくことになったのは、自然な流れだったのかもしれない。

鶯子は翌一九四六年三月の「愛隣団ホーム報告の手紙」に、こう書いている。

「庭の水仙の芽が日増に育ち早くもサフランの花は咲き出でて春の訪れを思う頃となりました。去る十一月の末浦賀鴨居の収容所より南方マニラ、ダバオ方面よりの引揚孤児十七《ママ》名を引き取ることとなり彼等と起居を共にしはじめて早くも四カ月になろうとして居ます。当時の子供達は例外なしにその体も心も弱りはてて居りまして、この衰弱振りでは、此の冬の寒さが凌げるかどうかと危ぶまざるを得ない有様でございました。何分に南国に生まれ南国に育って寒さというものを全く知らないその上に、極度の栄養失調、マラリア、慢性下痢等々の病気のため全く衰え切った体でしたから、冬の厳しい寒さを恐れずには居られませんでした。然し、その冬も何時しか過ぎ去り、〝春の訪れ〟と思う時は、彼等を見守って来た私たちの張りつめた思いは漸くとけて始めて我にかえった心地がします。

顧みればこの百日余りには文字通り不眠不休の日が幾日続いたことでございましょうか、栄養失調から来る下痢、血便、貧血、心臓衰弱、マラリア風邪、ハシカ、肺炎等々、子供達にとってもそれを看りする私達にとってもこの冬はまさに闘いでございました。おしめの洗濯、台所、お掃除、氷を割っての水仕事、勿論そんなことは何とも思いませんでしたが、衰えはてた体で病魔と苦闘する子供を看る時の苦痛、悲惨極る戦いの日の生々しくも痛々しい思い出、心の傷口に熱にうかされては今は亡き父の名を呼び母の名を呼び苦痛を訴えられるその時、嗚呼私達の胸はかきむしられる様な耐えがたい痛みをどうすることも出来ませんでした」

9　愛恵学園・愛隣団の日々

栄養失調の子供たち

皮膚の上から肋骨や関節の形がわかるほどに痩せた、栄養失調の子どもたち十二人。ミンダナオのダバオから来た子も、ルソン島のマニラに住んでいた子もいた。親の仕事も、床屋さん、魚屋さん、マニラ麻の栽培者、歯科医師といろいろだった。

子どもたちが少しずつ元気を取り戻していくなかで、次の課題は学校に通う手続きだ。親を亡くした子どもたち。生まれたのはフィリピンで、命からがら逃げてきたため、戸籍も、身分を証明する書類も、何一つ持っていない。

子ども自身が話す名前や生年月日だけが頼り。妹や弟のことを説明できるトヨ子のような姉がいればいいが、まだ小さい子はそれもかなわない。十二人のなかには、前にも書いたように、浦賀に上陸したからと「浦賀登」という名前をつけられた六歳の少年もいた。

トヨ子は、すでに小学校を卒業している年齢だったが、カリナン小学校六年になってか

益富鶯子先生と愛隣団の子どもたち

らは、山を逃げまわる生活で勉強はできなかった。日本語も、ミンダナオの原住民の言葉やスペイン語が混じり、イントネーションも違う。

トヨ子の頭には「恥ずかしい」という思いがよぎる。見知らぬ人たち、言葉も微妙に違う、もともと勉強が好きなほうではなく、何よりも年齢のことがあって、もう学校には通いたくないと思った。

そんなトヨ子に、鶯子は「勉強に歳はないの。一生するものよ。いま、学校に行っておくことが大事なことなの」と言い聞かせた。トヨ子は、泣きながら学校に行くことに納得した。

一九四六年の三月に入ったある日、医師の岩間先生は聖路加病院から内科の医師をひとり連れてきた。子どもたちが四月から小学校に行っても大丈夫かという健康診察だ。とくにトヨ子は、日本に着く直前、高熱を出していたマラリヤが全治しているかどうか心配だ。

そんな不安を打ち消すように、鶯子は若い医師に「この子は細くて黒いから、ゴボーちゃんだわね」と話しかけながら、診察を見守っていた。

若い医師は、聴診器をトヨ子の胸と背中にあて、手のひらで皮膚をなで、指でぽんぽんと打診し、「口をアーンして」と中をのぞき、眼を開かせ、日常の話しをした。五感で看てくれたこの先生が、三十四歳だった若き日の日野原重明さん。当時からボランティアに熱心な医師だった。

日野原医師の「八人とも大丈夫でしょう」という入学許可が出た。

フィリピンで生まれ育った子どもたちが初めて経験した日本の寒い冬。寒い寒いと縮こまっている子どもたちを見て、鶯子はこう話しかける。

「日本はね、今は寒いけれど、春が来て、お花が咲きだして、芽も出てくるの。待ち遠しいわねえ」

庭を歩いていた四歳の弟の世旭は、息せき切って戻ってくると「せんせい、あそこに花がさいている、春がくるね」とうれしそうに話す。白い八重椿をみつけて、鶯子先生に知らせたくて駆け寄ってきたのだ。このようにして、四季を知らなかった子どもたちも「春」

を感じていった。

一九四六年四月、トヨ子は、足立区立関原小学校に通い始めた。担任は根本先生だった。

日本語のむずかしさ

愛恵学園のなかの暮らしとちがい、小学校に行くとさまざまなカルチャーショックに遭遇する。トヨ子はそれまで、日本語と、ミンダナオでの現地の言葉やスペイン語の単語を混ぜてしゃべっていた。そして愛恵学園で暮らすようになってからは、東京女子大卒の令嬢でもある鶯子の言葉遣いを覚えていった。鶯子は、女の子のことは「お嬢さん」、男の子は「お坊ちゃん」と呼ぶので、トヨ子はそういうものだと思っていた。

ある日、学校で男女別にグループ分けをするとき、トヨ子は「お嬢さんたちは、こちらですって」と他の女子を手招きした。すると男子が「オイ、古謝ったら『お嬢さんたち』だってさ」と言い、みんながドッと笑う。トヨ子はなぜ笑われたのかわからず、帰ると鶯子先生に尋ねて、なるほど、と納得した。

また別の日、友だちに向かって「オイ」と話しかけると、「古謝ってスゲー！　オイだってさ」とまた笑われる。「お嬢さん」と言ったり、「オイ」と言ったり、アンバランスな言葉遣いが面白おかしかったのだろう。

学校までの道には、たくさんの日本人がいる。トヨ子はフィリピンの学校で「街で日本人に会ったら、必ず挨拶すること」と言われてきたので、会う人ごとに「おはようございます」と頭を下げっぱなしだ。ところが挨拶された相手は、きょとんとして「どこの子だ？」という表情。何人かは「おはよう」と、不思議そうな顔をしながら言葉を返してくれる。

帰宅するとまた、鶯子に向かって「どうして日本人なのに挨拶しないの？」と不満そうに質問する。

「ああ、日本では知らない人にはあまり挨拶しないことが多いのよ。みなさん、びっくりしていたでしょう」と笑いながら教えてくれた。

こんなふうに、同級生に笑われたトヨ子だが、「いじめられた」というかんじはなかった。

「むしろ、友だちは、やさしかったですね。私も、自分が言葉や日本の習慣を知らないのは戦争の結果であって、自分が罪を犯したわけではない、引け目を感じるようなことではないと考えていて、そのせいで『いじめ』とはまったく思わなかったのだと、今になって思いますね」

周囲の人のいろいろな手助け

学校の帰り道、煙突から湯気が出ていて、洗面器を持った人が出入りしている建物があった。

「ここ何？」

「おふろ、銭湯」と友だちが教えてくれる。

「え？　どうするの？　何するの？」

「古謝さん、お風呂、知らないの？」

「知ってるよ。中、見てもいい？」

銭湯の「発見」も、帰ると鶯子先生に報告した。

やがて、銭湯を営んでいる岡本さんは、土曜、日曜の銭湯が開く前に、愛恵学園の子どもたちを一番風呂に入れてくれるようになった。大きな湯船からお湯がじゃんじゃん流れ、気持ちよかった。お風呂からあがるとおやつを食べさせてもらった。

岡本さんだけではなく、近所の人たちはフィリピンから引き揚げてきた孤児たちを、いろいろな形で助けてくれた。

松岡のおにいさんは、自分の仕事に行く前、掃除をしに来てくれる。

まだ薄暗い朝、トヨ子たちが布団で寝ているとき、廊下を歩くような足音がきこえる。子どもたちは日本の寒さに耐えるのがやっとだろうからと、松岡のおにいさんは子どもたちを起こさないように気をつかいながら、長い廊下を雑巾がけしてくれる。

くず集めの仕事をしている松井のおじさんは片目が悪い。いつも洗濯したてのカーキ色の服装で、「先生、おれのできることを手伝わせてください」とやってくる。その日、トヨ子がマラリアの高熱でぐったりとして、隣で弟の世旭も熱を出して寝ていた。口内炎でただれた口を半開きにして、よだれをたらしながら「口がニガイよー」と泣いていた世旭に、松井のおじさんは「そうか、口が苦いねー」「ここか？　ここか？」と話しかけながら、食事のスプーンの先をやさしく口に入れる。それまで痛がって食事に全く手をつけなかった世旭は、しゃくり上げながら松井さんの差し出すスプーンから食べていた。

近所の今村さん一家は、祝日などには子どもたちを家に招待してくれる。ちらし寿司をお母さんと一緒に作って、家庭の雰囲気を味わわせてくれた。

こうした近所の人たちのなかには、戦争前、愛恵学園や鶯子先生にお世話になった人もいたようだ。決して裕福ではなく、自分たちの暮らしも大変ななかで、ボランティアや支援というよりは、「困ったときはお互いさま」という心情だったのではないだろうか。トヨ子は、周囲の人たちの暖かさに接しながら、親を亡くした悲しさ、戦争で受けた傷を、少しずつ癒していった。

ほとんど笑顔を見せなくなっていた妹の和子も、拾ってきた子犬の世話をするなかで、柔和な表情になっていった。

ほかの友だちも、一人ひとり元気になって小学校に通っていた。

大部屋に枕を並べて眠るまでの時間、それぞれが、フィリピンの山の中での苦労話や、亡くなった親の話に夢中になることもあった。フィリピンで似通った経験をした子ども同士が一緒に暮らしていたことは、心の回復にとって大きな意味があったのではないだろうか。

毎日の暮らしと図書室

愛恵学園の大きな門のすぐ右に、管理人である山本のおじさんが住んでいて、家の周囲で野菜を作っている。

門を入って少し進むと、「愛の家」がある。一階は幼児園、二階は職員の寄宿舎でそれぞれ個室になっている。

まんなかの道を進むと、大きなドングリの木があり、その前に「恵の家」。戦前は、この建物の玄関右手が診療所だったらしい。左側にホールが二つあり、図書室もかねている。奥には職員の食堂と厨房、トイレと小さいお風呂がある。二階はナースリー保育園（幼稚園）と、子どもたちと職員の寝室になっていた。

広い芝生の庭をはさんで、奥には「泉の家」。一階は大ホールと大きな風呂、お手伝いさんの部屋。二階にも大ホールがあり、地域の子どもたちを集めていろいろな活動をする「子どもクラブ」になっていた。トヨ子たちは「愛の家」で寝起きしていた。

「恵の家」にある図書室は、地域の青少年のための図書館でもあった。日本文学はもちろん、世界文学の本が本棚にたくさん並んでいた。トヨ子たち引き揚げてきた子どもたちにとって、この図書室は大切な空間だった。本棚から好きな本を取り出して、読みふけっていた。

夕食のあと、片付けを終えた子どもたちは、さっと図書室へかけつける。準備をして待っている子どもたちの前に、保育室を担当している西垣都美先生が現れる。そして、ジェスチャーを交えながら、いろいろな世界文学を情熱的な口調で読み聞かせてくれるのだ。「はい、続きはまた明日」と言って西垣先生が本のページを閉じる。「もっと、もっと」と思いながら、子どもたちは翌日の夕食後を楽しみにして、寝室へ向かうのだった。

成長してからも、本屋さんが好きで、読書が生活にとけこんでいる子どもたちが多いのは、この図書室や読み聞かせのおかげだ。

浦賀から預かった十二人のうち、歯医者さんの娘だったさとみちゃんは沖縄の親戚に、のりおちゃん、きょうこちゃんも親戚に引き取られていき、フィリピンから引き揚げてきた子どもたち八人の生活になっていった。やがて、日本で親を亡くした子どもや、親はいても育てられない子も受け入れるようになり、三十人近くになることもあった。

鶯子先生は、親がいないからと特別なことをするのではなく、なるべく家庭のような環境で育てたいという考えをもっていた。

誕生会やクリスマス

愛恵学園で約二年間をすごしてから、台東区にあった愛隣団の建物が改築され、そこに引っ越すことになった。

愛隣団も戦前からキリスト教の精神にもとづく社会事業を行っていた。改築されたビルの一階は保育園、二階が診療所、三階は子どもたちが寝起きする部屋、四階が職員の部屋になっていた。

バレエや学習塾は、地域の子どもたちを対象としていたが、愛隣団に住んでいる子どもたちも利用した。

バレエのお稽古は、一階の保育園のホールを使い、塾は四階。後述するように、夏のキャンプをした竹岡の地元のお祭りで、子どもたちがバレエを披露できたのは、こうしたお稽古事の存在があったのだ。当時、お稽古事でバレエを習うなど、多くの子どもたちにとって遠い世界のことだった。キリスト教という後ろ盾があったために、さまざまな西洋文化を体験できたことは、トヨ子たちにとって思わぬ恩恵だったと言えるだろう。

朝起きたら、決められた場所の掃除をする。

食事の前には、感謝の歌と祈りをささげる。お祈りは、元気でいることを喜び、食べられることに感謝をする。病人がいるときはその人のため、客人がいるときはお客さんのためにも祈る。この感謝の儀式は、順番で全員が行う。

そして近所の小学校に登校し、学校から帰ってくると、宿題など勉強の時間。

「あなたたちには、かじる親の脛《すね》がないのだから、ちゃんと勉強して、自分の脛を育てなさい」

これが鶯子先生の口癖だ。子どもたちの将来を思えばこその厳しさだった。

夕食のあとは、みんなで片付けをして、手があいた子がお楽しみの準備をする。ピアノを囲み、西垣先生の伴奏で歌を歌うこともあった。ホームドクターの岩間先生がオルガンを弾きながらバスの美声で歌ってくれることもあった。そして、毎晩、みんなで作った椅子に西垣先生が腰掛けて、世界文学全集の読み聞かせをしてくれる。愛隣団のビルに移ってからもそれは続いていた。

2年目のクリスマス

日曜日の朝には、枕元に清潔な肌着が用意され、よそ行きの洋服を着て教会の日曜学校に出席する。お話を聞き、賛美歌を歌い、日常への感謝の祈りをして、礼拝が終わるとおいしい昼食が待っていた。

誕生日のお祝いでは、プレゼントのほかに、その子の好きな料理を出してくれた。トヨ子は十一月生まれ、リクエスト料理はいつも、すき焼き。お客さんも呼んで、食堂の大きなテーブルを片付けて、フローリングの床に七輪を五、六個出す。五人くらいずつ座布団にすわって、七輪を囲む。肉は豚肉が多く、白菜、ねぎ、糸こんにゃくを山のように用意して、炭の火加減、味加減をしながら、最後はうどんやご飯を入れて舌鼓をうった。

ひなまつり

現代のように、窓ガラスがサッシの狭い室内で七輪を使ったりしたら一酸化炭素中毒になって危険だが、二十畳～三十畳くらいの広いホールだったので、その心配もなく、すき焼き誕生会ができた。

キリスト教系の施設なので、クリスマスのお祝いも盛大だ。敗戦後の日本で、クリスマスの意味はほとんど知られていなかったし、宗教的意味を離れての現在のようなお祭り騒ぎもなかった。クリスマスツリーやケーキが庶民の暮らしに入り込んでくるのは、もっと先のこと。

そんな時代に愛隣団では、十二月に入るとすべての部屋のカーテンが新しくなり、天井につくほどのもみの木のクリスマスツリーが飾られる。子どもたちが前から考えておいた、ほしいプレゼントのメモとともに、各自の名前入りのプレゼントがツリーの枝にかけられ、根元にも置かれる。十二月二十五日までは開けてはいけない。見るだけである。

「自分の名前の書かれたプレゼントが、天井まであるツリーにどんどん増えていきます。二十五日の朝に各自の名前が読み上げられて、プレゼントをいただきます。コーラやジュース、七面鳥の丸焼き、小さいバケツほどの器に入ったアイスクリームも食べました。クリスマスだけではなくて、感謝祭には、ミッションスクールの学生さんたちが来るんです。『花の日』には色々な花が飾られて、ほんとうに夢のようです。フィリピンのジャングルでの生活と、あまりにも違いますよね。父や母が亡くなっても生きていけたのは、そういう多くの方々の愛情に包まれた暮らしがあったからかもしれません」とトヨ子は振り返る。

暮れには、全員でおせち料理を作る。田作り、昆布巻き、厚焼きたまご。あべかわ餅は、豆から煎って黄粉も手作りだ。こうしたお正月の用意も、年が明けてからのカルタやトランプ遊びも、ひな祭りのお祝いも、子どもたちには楽しみだった。

愛恵学園も、二年後の愛隣団も、トイレは水洗式だし、物質的にも文化的にも敗戦後の「普通の家庭」より、豊かな暮らしだったとも言える。実際、小学校の友だちに羨ましがられた子もいたという。

鶯子について英語で書かれた伝記『小さいナイチンゲール』に、三郎という仮名の少年の言動が記述されている。

「その夏、食糧の配給は遅れ、政府は学校の夏休みを延長すると宣言した。三郎は憤慨して『僕たちはフィリピンで逃げていた時は、草だってとかげだって見つけ次第、何でも食べたんだ。充分食糧がないからって、どうして学校をやめてしまうのだろう?』と不平を言うのだった。鶯子は彼のこの憤慨を見てほほ笑んだ。そして『三郎は自分からしゃべることを始めた』と喜んだ。／ある日三郎は、何もすることがないと言ってぼやいている学校の友達に、『愛隣団に来いよ。僕たちはいつだって何かやることがあるんだ!』『僕は孤児院に行ったことがないんだ。さみしいかい?』と友達は聞いた。三郎は苦笑して『全然。まあ来て見ろよ』と言った。……友達は皆といっしょに遊んで、鶯子が作ったおいしい食事を食べてから、『孤児院も悪くないな。それから鶯子先生をお母さんにするのもいいな』と言った」

千葉・竹岡の海でキャンプ

夏休みに毎日家にいたのではつまらないだろうと、鶯子先生は、千葉県竹岡にある古い教会と両隣の民家の広間を借りて、一カ月のキャンプ生活をすることにした。戦争前にも、愛恵学園の活動として竹岡キャンプがあったのだが、戦争で活動休止になっていたのを新たに計画したのだ。

夏休み初日から、リュックに宿題や着替えをつめて、学園の職員のほか、現役の慶応大

竹岡海岸で

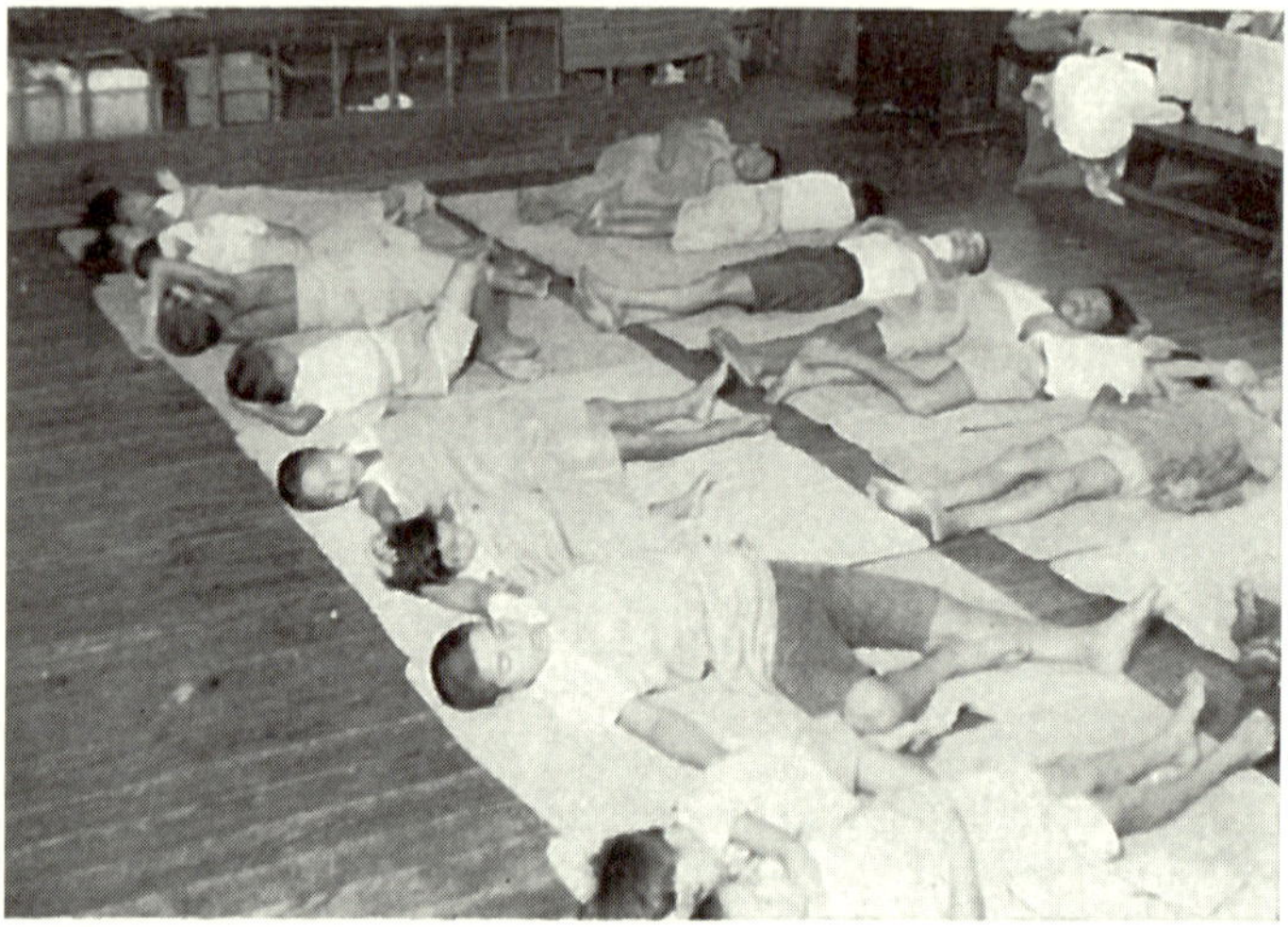

昼寝をする子どもたち

や日大の学生のほか、保育園や青年団でボランティアをしていたOBやOGたちが入れ替わり立ち替わりで参加する。若いお兄さん、お姉さんたちと歌ったり勉強したり遊んだり、子どもたちは大喜びだ。

キャンプ中の日課は、午前中に宿題を済ませてから、近くの海岸で泳いだり、海の写生をしたりする。昼ご飯のあと昼寝をして、午後はまた海で遊ぶ。

浜辺に出て朝食を食べることもあった。とくに日曜の朝の礼拝は、浜辺で賛美歌を歌い、鶯子先生が聖書のお話をする。自分たちの先生がこんなにすばらしい話をできる人だということが、トヨ子や妹、弟には嬉しく、自慢したい気持ちになる。

食事の世話は、一番年が上のトヨ子の役目だ。準備と片付けはみんなが当番で手伝ってくれるが、調理は苦労した。一度はムニエルを作ったものの、ホワイトソースは牛乳にメリケン粉を入れて味をつけただけ、糊のような代物で、悪評だった。

食材は、浜に出かけて魚を買ったり、町のパン工場からパンを直接購入したりした。一斗缶の蜂蜜もあって、トヨ子は食事係の特権で、すくって舐めて、その甘さにうっとりした。

鶯子先生は遊びを考えたり、合唱させたりするのが上手だった。

キャンプでは浜辺の砂の上でオリンピック大会もした。全員が世界のどこかの国の選手代表になる。スポーツだけではなく挨拶もある。ほかの人と違うユニークな挨拶の中身や演出方法を考えて練習し、本番では審査員の前で披露するのだ。トヨ子はアフリカ代表、泳いでも走っても冴えない成績だったが、競技種目「挨拶」では、なんと金メダル。手作りのメダルは、色も形もいろいろで、美しい飾りリボンがついていた。それぞれが自分の得意な種目で賞されて、ハワイのレイのようにメダルを首にかけてもらう。そういうときの誇らしい気持ちが自信につながっていく。

海の景色の写生コンクールを計画した年もあった。トヨ子の妹の絵の波の力強さを、審査員たちは笑顔で褒めてくれる。トヨ子も妹も喜び合った。

お盆には、君津郡の地域の人たちが盆踊りの輪に加えてくれた。愛隣団から代表の女子たちが、太鼓をたたく櫓《やぐら》の上にのぼって、ふだんお稽古しているバレエの発表会をした。地元の人たちの拍手喝采が、子どもたちを得意な気分にさせてくれた。愛隣団主催のバ

レエやそろばんを教える子ども会活動があったので、子どもたちもお稽古事をしていたのだ。

キャンプのときに歌った歌は、おとなになってからも妹たちと一緒にハモって楽しんだ。

子どもたちが書いた「竹岡子供新聞」には、次のような記述がある。年数も筆者名もないが、朝鮮戦争が起きた一九五〇年以降と思われる。子どもたちも敗戦時より大きくなっているのだろう。

「七月三十一日

近頃竹岡の津浜海岸に今までなかった大穴があいたというので大層ひょうばんにな

りました。

目下戦争中の南鮮とまちがえて爆弾でもおとされたのでは一大事と、地元では青年団を動員して取調べを開始したところ、その大穴の砂は対岸の三浦半島までとびちり三浦半島はややもち上がったということまで判明。いよいよ調査を進めたところ、目下竹岡教会にて滞在中の大西郷こと、S子でぶ嬢が毎日飛込をなさった結果と判明、『以後はとびこみはおひかえいただく』と請願書を呈上したということです。

八月一日

連日竹岡キャンプでご奮闘になったTお兄さんとN先生がご帰郷になりました。みんな踏切でお別れをおしみましたがお心やさしきお嬢様はお別れにあたり甘い甘いおいしいあんぱんをお土産にと汽車の窓からなげて下さいました。

ああもったいないやらうれしやと、かけよってみんなで分けようとしたら、それは味もそっけもない紙にかいたあんぱんでしたので、みんなしばらくはあんぱんの様な大きな口をあけて、ぽかーんと立っていました」

鶯子先生の気配り

たまたま親を戦争でなくしたけれど、「特別」ではない。「施設」で暮らしているからと肩身の狭い思いをしたり、卑屈になったりしないようにと鶯子は心を砕いていた。その熱意に共感して、職員もボランティアの学生や近所の人たちも、それぞれの関わり方で支えていった。

賛美歌をはじめとして音楽や絵に親しむ毎日だったし、休みの日には映画を観に行くこともあった。トヨ子はターザンの映画など、よく覚えている。

ミッションスクールで社会福祉について講演するときは、その謝礼でお菓子を買ってきてくれる。子どもたちは食堂のカーテンから、鶯子先生の帰りを今か今かと待っていた。

お話も歌も料理も上手で、英語もできる鶯子先生の存在が、トヨ子に親がいない寂しさを忘れさせてくれた。建物の美しさや楽しいイベントのせいだけではなく、鶯子先生の日々の細やかな目配りがあったからだろう。

学園でトヨ子は最年長、そして弟の世旭は一番年下だったので、先生たちも世旭をかわいがってくれた。引き揚げ船で母が亡くなってから、自分が母の代わりにがんばらなければという気負いがあったトヨ子。食事のとき、小さな子は先生の近くにすわり、トヨ子は一番遠くにすわっていても

「せいちゃん、お箸の使い方が違うよ」

と注意していた。すると鶯子先生は

「トヨちゃん、ここに来たからもう大丈夫。せいちゃんや妹たちのことは、私にまかせ

後列向かって右端が鶯子先生、一人おいてトヨ子、中列右端の男の子が世旭、前列右端が和子、左端が清子

なさい」

と言うのだった。

年月が経つにつれて子どもたちの人数が増えてくると、職員のなかには、かわいい子や小さな子に、ついつい手をかけ目を向けてしまう先生もいた。そんなとき鶯子先生は、その場の雰囲気を察して、寂しそうにしている子にさりげなく声をかける。また、短くても一対一になる時間を作るようにして、膝にのせて爪を切ってあげるなど工夫していた。

毎晩、何十本もの鉛筆を削っていると聞いて、鉛筆削り器をプレゼントしようとした知人に、感謝の言葉を伝えたあとで、こう言った。「でも鉛筆を削るのも楽しみの一つなの。その子の鉛筆を手で削りながら、誰にも邪魔されないで、その時間は一対一の会話ができるのよ」

引き揚げてきた直後の愛恵学園のころは、養子にもらいたいという申し出もあった。東京近辺はもちろん、青森、福島など遠くからも来た。そういう来客が訪れてくると、子どもたちは本能的に何かを察し、逃げるように二階にあがっていく。一階からは鶯子先生の声が聞こえてくる。

「戦火をくぐって生きのびた子どもたちを、ここまで苦労して私がお預かりしてきました。本人たちが学校も卒業して、自分の意志で『行く』と言うまでは、どちら様にもお預けできません」「この子たちを育てるのは私の大切な責任ですから」と断ってくれた。

親戚が迎えに来た場合は、引き取られていくこともあった。鶯子先生と離れたくないトヨ子は、沖縄から親戚が来たらどうしようと心配だった。

「親戚の人がいらっしゃいました」という声がすると、トヨ子たちきょうだいは、文字通り蜘蛛の子を散らすように逃げた。いくら親戚でも四人全員を一緒に引き取ってくれないかもしれない、妹弟がバラバラに住むようになる、学校にも行けなくなるかも、という恐ろしいイメージが脳裏に浮かぶのだ。

また、亡き父母は、「これからは標準語が大事だから、話し方に気をつけなさい」と沖縄の言葉を子どもたちには教えなかったこともあり、トヨ子は「沖縄」と聞くとギクリとし、次第に避けるようになっていった。

決して沖縄が嫌いだったわけではない。妹や弟がバラバラになることが怖かったのだ。今でもときどき、トヨ子は当時の不安な思いが甦るときがあるという。と同時に、沖縄にいる親戚に対して、申し訳なかったという気持ちも抱えている。

10　看護婦をめざして

私立中学への進学

トヨ子は私立の女子聖学院に進学することになった。

以前、女子聖学院から鶯子先生に電話がきて、生徒たちに話をしてほしいという依頼があった。鶯子は千人以上の女子生徒に向かって、孤児たちをどんな思いで育てているか、そして経済的に苦しいことを話したところ、心動かされた教師や生徒たちが援助の募金を募り、二人の女子に奨学金を出すことになったのだ。

同級生にはザーマス言葉の裕福な家庭の子もいたし、教師たちも恵まれた環境に育った人が多かった。トヨ子は、引け目は感じなかったが、奨学金のせいか、誰に対してということはないが、なんとなく申し訳ないという思いがあった。

それでも、元気に中学校に通いだした。

印象的なのは体育のダンスの天野蝶先生。五十八歳、フランスでリトミック体操を学んできたというハイカラな女性だが、あだ名は「太鼓ばばあ」。体育館での授業では、「ドン」と太鼓の音に合わせて自由にポーズをつくる課題があるのだが、トヨ子はできずに、よく叱られていた。

苦手ではあったが、先生のことは嫌いではなかった。むしろ、授業の合間に直立不動で聞かされた天野先生の話には、なるほどと思うことが多かった。

「日本にはいろいろな言葉があるので、相手や場所によって、それに合った言葉を使わないといけません。わたくしが田舎に帰ってザーマス言葉でしゃべったら、家族や友だちに受け入れられません。一方では、偉い人に向かって『アンタ』と話しかけたとしたら失礼なことになります。適材適所が大事なのです」

日本語の標準語を使うようにという父母の教えが頭にあり、沖縄の言葉やスペイン語、ミンダナオの言葉を使わないように心がけてきたが、標準語の中にも違いがあることを改めて知った。小学校で同級生に笑われた理由が納得できた。

ほかにも、人間として生きるうえで大切なことを、時々話してくれた。自分の授業のねらいは、リズミカルに、気持ちよい行動や考え方を育てることだ、という天野先生の理想を頭では理解しても、ダンスでは実行できないトヨ子だった。他の先生の体育の授業も得意ではなかった。ダンス発表もできず仕舞いで成績は2だったが、卒業してからも天野先生に手紙を書いて近況報告をしていた。

やがて、妹の清子も女子聖学院に入学した。

母の言葉と看護婦

トヨ子は、誰かが病気になったとき、お世話をするのが好きだった。

トヨ子の母は、入院したときに、こう言った。

「トヨ子は、元気な人には意地っ張りでやさしくないのに、不思議なことに病気の人には、別人のようにやさしくなるのね。大きくなったら看護婦さんになりなさいな」

一九四三年のある夜、激しい腹痛に襲われた母は、歩くこともできなくなり、蛍の光が点滅する闇のなかを、カルトンという水牛がひく車に乗ってバギオからカリナン市に移動し、翌朝バスで、日本人が経営するミンタル病院にたどり着いた。虫垂炎をこじらせて腹膜炎になっていた。手術をしたが、右の下腹部にゴムの管がさしこまれ、毎日そこから大量の膿が流れ出すほどの重症だった。

そのとき、弟の世旭がまだ一歳数カ月。父とふたり、病院の空きベッドに付き添いとして泊まり込むことが二カ月続いた。トヨ子は学校を休み、母と弟の世話をした。

病院の各病棟は、広い芝生の庭の間を渡り廊下でつながっている。その廊下を歩く日本人ナースたちの清々しさ、生き生きとした活発な姿に、トヨ子は魅せられてしまった。母が退院したあとも、お盆を片手に足取りも軽く、背筋を伸ばしてさっそうと歩く看護婦さんの真似をしていた。

両親や妹、弟が体調をくずしたときは、消化のよさそうなものを食べさせてあげたり、痛いところをさすってあげたり、かいがいしく働いた。弱っている人をみると、元気になってほしい、何かしてあげたいという気持ちがわきあがってくる。

隣の──といっても十分ほど歩いたところだが──おじさんが虫垂炎で入院したときも、小さな手を布団のなかに入れて、背中をマッサージしてあげて喜ばれた。

そんなフィリピンでの日々や母の言葉がよみがえってきたのは、鶯子先生の実家にお使いで出かけたときのことだ。

鶯子先生のおかあさんが、トヨ子にこう言った。

「私は鶯子を看護婦さんにしたかったのに、ならなかったの。だからトヨちゃん、あなたが看護婦さんになってくれない？」

鶯子という名前は、両親がナイチンゲールのようになってほしいという願いからつけたもの。鶯子先生のおかあさんの言葉を聞いて、もしかしたら自分は看護婦になるために生まれてきたのかもしれない、とトヨ子は思った。中学生のときだった。

小さいころは母が指摘したように「意地っ張り」だったが、日本に上陸して愛恵学園や愛隣団で暮らすようになってから、病人だけではなく、健康な人にも、やさしく接するようになっていた。自分が意地を張っておとなたちを不愉快にさせると、妹や弟の心が暗くなると思い、トヨ子は外面《そとづら》を良くすることが身についていった。

そんなトヨ子が、進路のことでは珍しく自己主張をした。

昼は働き定時制高校へ

将来は看護婦になりたいと決めたトヨ子は、すぐにでも看護婦への道を進みたいと思い、普通高校ではなく看護学校に進学したいと鶯子先生に話した。すると、

「あなたは何を考えているの？　中学の先には高校というものがあるのよ。基礎を固めてから専門に進みなさい」

と鶯子先生も西垣先生も反対した。

「でも私は、早く働きたいんです」

とトヨ子も頑固に主張した。ちょうど仲のよい友だちが准看護婦になることが決まったので、なおさらだった。

だが、鶯子先生も西垣先生も譲らない。

そこで、保育園でアルバイトしながら、夜間の都立高校で学ぶということに落ち着いた。

こうしてトヨ子は、昼間は愛隣団の保育園で働き、夜は都立上野高校の定時制で学ぶと

いう四年間を過ごす。

キリスト教系の女子校とくらべると、定時制の雰囲気はトヨ子にピッタリだった。体育の先生以外は、みんな男性だった。働きながらも学びたいという生徒たち、彼らを支えようという先生たち、みんな実に生き生きとしていた。

とはいえ昼間の疲れで、授業中に居眠りしてしまうこともあった。そこでトヨ子は、教壇のすぐ前の席に座った。緊張で眠気がおきないためと、勉強の遅れを取り戻すため、教師に近ければ近いほど吸収できる気がしたからだ。それでも睡魔は襲ってくる。

「古謝、職員室からチョークを二、三本持ってきてくれ」

国語の先生は、トヨ子の眠気を取り除くために、こう指示してくれた。

帰宅してからも宿題や復習をしないといけないが、机の上に突っ伏している時間のほうが長かった。

成績は決して良いほうではなかったが、仲のいい同級生たち、生徒の人格を大切にしてくれる先生たちの暖かさで、楽しい高校生活を送った。進学するように強く言ってくれた鶯子先生と西垣先生には感謝の気持ちでいっぱいだった。

看護学校で寄宿舎に入る

一九五三（昭和二十八）年、トヨ子は東京都立第一高等看護学校（その後、広尾看護専門学校となる）に入学、看護婦になるための第一歩を踏み出した。

それまでの成績からすると合格はけっこう厳しそうだったので、鶯子先生はじめ、周囲のおとなたちは心配していたが、本人は合格できるだろうと思っていたという。

「おめでたい性格なんですね」

そんなトヨ子も、さすがに発表の日だけは緊張した。貼り出された合格番号をみて、一瞬、「ない！」と焦るが、下の方をみたら番号があった！　事務所に手続きに行くときの嬉しさは、今でも覚えている。そして、周囲のおとなたちも一安心。祝福してくれた。

看護学校は全寮制だった。愛恵学園、愛隣団と八年間一緒に過ごした妹や弟、きょうだいのような子どもたちを残しての新しい生活だ。

寮は、一部屋に四人、二段ベッドが二つ、机が四つある。同級生より年齢が三つ上のトヨ子は「ママ」というあだ名がついたが、陰では人一倍努力していた。

毎朝の寮の掃除は、看護学生の仕事。「日々暮らすところを清潔に」と愛隣団でしつけられていた。ドアのノブまで拭き、トイレをきれいにすることは習慣になっていたので、掃除は苦にならない。

不安なのは学業だ。苦手なところがあると、実習のときに重ねて学習し、理解するようにした。

戦後にできた都立第一高等看護学校の初代院長・原素行学院長は「この学校は日本一小さい学校だけれど素晴らしい学校である。今は看護のレボルーションの時代である」と言っていた。

一九四八年に「保健婦助産婦看護婦法」が、翌四九年五月に「保健婦助産婦看護婦学校養成所指定規則」が制定され、全国に先駆けて東京都が新しい学校をつくることになったのだ。

都立第一高等看護学校は、都立広尾病院を実習病院とすることになり、カリキュラムや校舎、寮を少しずつ作り上げていった。看護教育には職業教育だけでなく一般教養が大事だという考えから、土曜の午後には教養講座が開かれた。一年生は世界文化史、二年生は文学史、音楽史、美術史、三年生は社会思想史、女性史などである。

女性雑誌『青鞜』で母性保護論争に加わり、戦後は初代労働省婦人少年局長になった山川菊栄が女性史を、バリトン歌手の内田言栄一が音楽を、北海道大学教育学部長の城戸幡太郎が教育学や心理学を、東京女子大学の早坂礼吾が『源氏物語』を講義してくれた。

このような戦後の新しい看護教育を受けることができて、トヨ子は毎日が充実していた。

寮長である白根礼子は、都立松沢病院で勤務していたのを説得されてこの看護学校に招かれた、厳しさとやさしさを兼ね備えた立派な女性だった。廊下を歩く足音を聞けば、その学生の心まで理解できるかのようだった。どこか不安な気持ちをもつ学生には、やさしく声をかけてくれる寮長だった。

三年生になると、有栖川公園の近くにあった東京都立中央図書館にひとりで通い、寮の門限である夜九時まで国家試験のための勉強をした。

落ちるわけにはいかない。這いつくばってでも合格し、寮生活にピリオドを打ち、鶯子先生や西垣先生、妹や弟が首を長くして待っている愛隣団に帰らないといけないのだ。社会事業の一つとして愛隣団が行っている診療所で働くつもりだった。

待ち遠しいのはトヨ子も同じだった。実は看護学生になってから、ホームシックになり寮から帰りたくて泣きながら鶯子先生に電話したことがある。

とくに、土曜日の午後は待ち遠しかった。鶯子先生の三畳くらいの部屋に、「トヨちゃん、ここに寝なさいね」といわれて寝たら、近くに一人ひとりの名前がついた記録があった。トヨ子という名前のある一冊のノートには、こう書かれていた。

「この子はいつになったら笑ってくれるのだろう。ただ、私の言ったことに返事するのみ」

引き揚げ直後のトヨ子のことだった。

親戚のおじさん

ある日、看護学校の宿舎にいると、「古謝さん、面会の方ですよ」と先輩が声をかけてくれた。親戚のおじさんだという。母から聞かされていた、東京で小学校の先生をしている人だった。浦賀に引き揚げたあとも、東京という土地への心理的な抵抗が少なかったのは、このおじの話をきいていたからかもしれない。

とはいえ、鶯子先生のところに来てからずっと、親戚の人が迎えに来たと聞くと、きょうだいがバラバラにされるのではと気が気ではなかったトヨ子だ。

看護学校の生徒になっていても、小さいときからの条件反射でビクッとした。今ならもう、逃げ隠れしなくても自分の気持ちをきちんと話せると思うものの、心臓の鼓動はドキドキと高鳴った。

「あ、お父さんに似ている」

宿舎の玄関に立っている男性を見た瞬間、トヨ子は思った。

おじさんの質問に答えながら、トヨ子は、自分の思い、鶯子先生への気持ちを話した。

「いい人にめぐり会ったね。学校まで行かせてもらえて」とおじさんは鶯子先生に感謝して、「沖縄の親戚には、まだ見つからないとだけ言っておくから、安心して勉強しなさい」

と励ましてくれた。

このおじは、その後も、トヨ子の妹や弟が進学するたびに辞書をプレゼントしてくれたり、お正月にはご馳走してくれたりと見守ってくれた。沖縄の祖父母には知らせないほうがいいだろうという叔父の判断には、まだアメリカ占領下の沖縄で、孫たちの生存を知ったら居ても立ってもいられないだろうという配慮や、鶯子先生の立場への気遣いなど、さまざまなものがあったのだろう。


看護学校二年生で外科の実習にいったとき、悪寒が出た患者さんがいた。マラリアだ。トヨ子は自分もマラリアだったことを思い出した。それを医師に話すと、「マラリアは脾臓に潜んでいるから、これからも君は献血してはいけないよ」と諭された。

日本に戻って来た直後のあれこれを思い出して少し感傷的になっていた。すると医師に「献血はできないけど、そのかわり、血、ぼくにくれる？　研究に使うから」と言われ、面食らったこともある。

11　子どもたちの成長と青少年ホーム

忙しい看護婦生活と歌声喫茶

一九五七年、看護学校を卒業し、四月には都立広尾病院に就職した。そして七月、看護婦国家試験の合格発表の日。

卒業の日。右側がトヨ子

早朝、夜勤あけで病院にいたトヨ子のところに、同級生から電話がきた。

「あったよ、ママの名前あったよ！」

「読売新聞」にも合格者の名前が出た。

振り返ってみると、高校受験でも看護学校受験でも今回の看護婦国家資格でも、トヨ子はなぜか、ビリでも入れる、蜘蛛の糸が自分をひきあげてくれると思えるのだ。受験勉強を万全にやった自信というのとは少し違う。すべて、誰かの力で通ってきた、自分はラッキーだとトヨ子は思っている。

トヨ子が都立広尾病院に就職した一九五七年には、七名の新人看護婦が採用された。最初にどの課を希望するかきかれたとき、トヨ子はなるべく多くの科をマスターしたいと考えて、病院で一番忙しい総合病棟を希望した。慢性内科、皮膚科、泌尿器科、婦人科、眼科、耳鼻科。どの科もたくさんの処置があり、ドクターの数も多い。忙しくても、仕事そのものは楽しかった。やったことが知識につながった。

五年後の一九六一年九月には、東横百貨店の医務室に転職した。早稲田大学に就職した友人が、デパートの医務室を紹介してくれたのだ。

最初、トヨ子は転職するつもりはなかったのだが、妹や弟は、広尾病院でのトヨ子の忙しさ、勤務時間が不規則なことに不満をつのらせていた。

自分たちが休みのとき、せっかくトヨ子ねえちゃんと出かけようと思っても、「夜勤だから少し寝るね」「きょうは出勤の日だから」と言われてしまうからだ。妹や弟の気持ちを知ったトヨ子は、友だちが勧めてくれた医務室の試験を受けることにした。

ほとんど面接（口頭試問）だけで採用になった。

デパートの医務室では、それまでの病院とは違う楽しさがあった。病気を抱え薬を飲み

後列左から3人目がトヨ子（1957年4月19日）

ながら仕事をしている職員の健康管理。買い物客が体調が悪くなって担架で運ばれることもある。貧血で運ばれた人が、実はひどい便秘で、トヨ子がお腹をマッサージすると、すっきりと大量の便が出て、喜ばれたこともある。

三人のすばらしい先輩の愛に出会えたことにも感謝している。

時間はさかのぼるが、トヨ子は看護婦になってから、一年間は病院の看護婦寮に入った。しかし、「一緒に住みたいね」とすぐ下の妹・清子と四畳半のアパートに住むことにした。

ふたりの楽しみは歌声喫茶だった。コーヒー一杯五十円で二～三時間はねばった。アコーディオンの横山太郎さんは、トヨ子姉妹の好きな歌、ハモれる歌を覚えていて、ときどき入れてくれた。カチューシャの歌がかかると、はりきって歌い、他のお客さんたちが喜んでくれるのもうれしい。

満足して歌声喫茶を出たふたりは、帰り道に、仮の東宮御所（青山）の前を通りながら、「皇太子さまにもお聞かせしよう」と暗い通りを気持ちよく歌いながらゆっくりと歩いていく。当時は車も少なく、暗いなかに守衛がいて、驚いたこともある。

この歌声喫茶の娯楽費五十円を捻出するために、食事代をいかに節約して安くあげるかという工夫もまた、貧しい中での楽しみだった。

愛隣団とも看護学校の寮とも違い、「姉妹水いらず」の暮らしと病院で働く毎日は充実していたが、金銭的にはきびしかった。

一カ月のトヨ子の給料は八〇〇〇円。四畳半のアパートの家賃は四〇〇〇円。妹は栄養学校に進学し、月謝は妹自身のアルバイトで払っていたが、看護学校時代の奨学金がなくなったので、収入はトヨ子の給料だけ。ふたりの生活費は月四〇〇〇円で、そのなかから捻出した歌声喫茶代だったのだ。

卒業後の子どもたちの居場所

トヨ子が広尾病院に勤めていたころ、鶯子先生から「お部屋を作ったから帰ってらっしゃい」という連絡がきた。

世田谷区の経堂、鶯子先生の両親が住んでいる益富家の庭に、「青少年ホーム」という名前の青少年ホームを建てたのだ。

つまり鶯子先生の実家の庭、施設というよりは普通の民家という雰囲気である。

愛隣団のときから、鶯子先生は「家庭のような」環境で子どもたちを育てたいと考えていた。戦争で親を亡くした子どもたちと、血のつながりはないし、家庭というには大人数だけれど、「家庭的で」「親子のように」関わる時間をつくろうとしていた。学校の授業参観や保護者会では何クラスもかけまわり、一人ひとりを膝の上に抱っこして爪を切ってあげる……血縁関係はなくても、「血の通った」人間関係を心がけていた。

1960-61年頃の姉弟。後列左が和子、右が清子、前列左が世旭、トヨ子

鶯子自身は結婚も出産もしていない。「私の子どもたち」という思いで育ててきた。

足立区の愛恵学園時代に、創設者のミス・ペインから、「勉強と休息をかねてアメリカに来ないか」と誘われたことがあったが、鶯子は「私はいま戦争で親をなくした子どもたちのために生活しています。いくら努力しても自分では四、五人の子どもしか産めないでしょうけど、私には何十人もの子どもがいるんです」と断ったこともあった。

トヨ子はこう言う。「人に喜ばれることが、生きがいだったんでしょうね。鶯子先生は自分の道と思って生きている。犠牲になっているという意識はなかった。だから、甘やかさないし厳しいんですよ。施設ではなく、家庭の子どもとして育てたかったんですね」

「あなた方は、かじるスネがないのよ。かじらなくてもすむように、自分の足で立たなければ」が口癖で、厳しく勉強や家事をさせた。一方で、周囲から「子どもたちを甘やかしすぎだ」と批判されることがあると、こう反論した。「みんなが賢い教師であるなら、私は一人、おろかな親馬鹿に甘んじましょう」

子どもたちが成長しても心配はつづく。進学や就職に心をくだき、好きな女性の親を説得してほしいと男子に頼まれると、「プロポーズの経験がない自分にそんな大役がつとまるかしら」と言いながらも、役目を果たしていた。

愛隣団は、一九五六年にカナダの宣教師、アーネスト・バット博士の寄付金で児童養護施設「バット・ホーム」へと移行した。鶯子はそこの保母主任職員になり、トヨ子の妹や弟たちをはじめ、愛隣団にいた子どもたちもそこで暮らすようになった。

児童養護施設は、ある年齢になると出なければいけない。施設を出た子どもたちが、悩みを相談し、愚痴を言ったり甘えたりできる居場所、大人数の施設とは違う、実家のように帰ってこられる空間をつくりたい。そう思った鶯子先生は、「バット・ホーム」から独立して「青少年ホーム」を作ることにした。

「終戦の年以来面倒を見て来ました戦争孤児達の殆どが、今や十八才を過ぎ、多感な青年期に達しました。

児童福祉法によりますと、満十八才は養護施設収容児童の保護打ち切りの年限でありまして、従って親もなく、家もなく、全く寄る辺のない彼等も、施設を出て、それぞれ自活の道を見出さねばならなくなりました。

独立独歩は当然のこととはいいながら、愈々社会にその一歩を踏み出してみますと、経済的な自立も誠に困難な上に、孤児に対する社会の眼は意外にも冷酷で、その生活の寄りどころ、心の憩いを得るための『ホーム』を持たぬ彼等は、その厳しさに耐えかねて孤独不安、焦燥の日々をすごして居ります。

今日まで彼等の育成につとめて参りました者としては、これまで明るく素直に育って来た彼等が完き自立の日を間近にしながら、いたづらに悩み戸惑う姿を見ては、どうしても見過ごしに出来ず、何とかして彼等に援助を与え、その前途を誤らせたくないとの熱願にたえません。

……（中略）

ここに一軒の家を建て、それを彼等のホームとして、互いに励まし助け合いながら、社会人として完き自立の出来る日まで、彼等を見守り、導いて行き度いと存じております」

（一九五八年一月、「青少年ホーム」建設趣意書）

青少年ホームでは、帰ってくると、おいしいみそ汁をつくってくれた。白菜の漬物をたくさん漬けて、ふだんは落としきれない鍋の汚れをきれいに洗ってくれたりもした。

施設で育ったことは隠すべき？

成長した子どもと話すのは、親にとって嬉しいものだ。看護師になったトヨ子の話を聞いたり、世話をやいたり、時にアドバイスすることは、鶯子先生の楽しみだっただろう。トヨ子が引っ越しのたびに妹の荷物も持って移動しているのを見て、「いいかげんになさい！」と叱ってくれたこともある。

青少年ホーム

「トヨちゃんは、なんでも『ああ、おいしい、おいしい』って食べてたわよね。『もっとこうやったら美味しくなるのに』という子もいるのよ。トヨちゃんにはお料理のしがいがあったわ」と思い出話を聞いたこともある。

子どもたちの中では一番年上のトヨ子に、鶯子先生はこうつぶやいたことがある。

「トヨちゃん、親のいる子はつまらないわね。これから、と思ったときに親に連れていかれちゃうんですもの」

最初は、浦賀に来たフィリピンからの引き揚げ孤児たちでスタートしたが、次第に親が生きているが育てられない事情がある子どもたちも入園してきた。親が子どもを引き取れるようになるのは歓迎すべきことだと頭では理解していても、「わが子のように」育てていた鶯子先生は、そんな本音をトヨ子に漏らしていた。

親に引き取られた場合、肉親でも養親でも、施設で育ったことを隠そうとする親もいた。口にしたくない、触れたくない、忘れたいと思う家族の心理には、自分たちが育てられずに預けたことへの後ろめたさがあったり、苦しい時期を忘れたい気持ちもあるだろう。

養子として子どもを迎えた養親にもいろいろな人がいる。他人の目を気にしてなのか、施設出身であることを隠すように言う人もいた。

そうした態度がトヨ子には理解できなかった。子どもが鶯子先生に世話になったことへの感謝の気持ちはないのだろうか、と悲しく寂しく感じた。

そして、「施設＝不幸」という世間の決めつけへの憤りがある。

トヨ子は施設で育ったことを隠さない。ところが、周囲の友だちは、愛恵学園や愛隣団のことを話すトヨ子に、「施設で育ったこと、あまり言わないほうがいいよ」と助言してくれることがある。

「すごく不愉快でした。別に罪を犯したわけでもないのに、なんで隠さないといけないのか。しかも大事に育ててもらったんですよ。学校に行きたくないというのに『行きなさい』と言われて勉強させてもらった。私は尊敬してますし、むしろ愛恵学園を出たことは、私の誇りなんです。それがまわりの人にはわからないみたいです。だから私は、鶯子先生のことをみんなに伝えたいんです」

とはいえ、鶯子先生や愛隣団の日々を懐かしく感じ感謝している人間ばかりではないのも事実だ。愛隣団から巣立ったあと、音信不通になってしまった人、施設で育ったことを隠している人もいる。

「ほんとの福祉は、益富先生だね」

大人になった弟が、ぽつんと言ったことがある。ほんとうにそうだとトヨ子は思った。

鶯子先生の死、そして宗教

鶯子先生は信仰心の篤い人だったし、愛恵学園、愛隣団も海外のキリスト者たちに支えられていた。だがトヨ子は、女子聖学院での教会のあとは、キリスト教と距離をとってきた。

「私が一番きらいだったのは、『私はクリスチャンよ』という態度です。自分はハイソサエティ、みたいな驕りがいやでしたね。キリスト教は、外国、とくに西洋に連なっているから、『私たちはこういうことを知ってる』という態度がありました。鶯子先生は、そういう驕りはだめよ、と言ってましたけど」

女子聖学院の畑中先生は偉かった、とも改めて思う。

「人間、驕らないためには、なんでもいいから宗教を持ちなさい。自分よりすぐれたものがあるということで、驕りがなくなるから」と話していたのが印象的だった。

鶯子先生も、その父親も、人を差別しない、福祉の心をもっている人間だった。

泥棒に向かって「今度は昼間にいらっしゃい」と言った鶯子。

その父で国鉄で布教活動をしていた益富政助は、ボーナスを落としてしまったとき、「ひろった人が使ってくれているでしょう」と言ったそうだ。鶯子の母が、その言葉をどう思ったかはわからないが……。

鶯子先生は子どもたちにこんなことも言っていた。「かわいい、誰にでも好かれるような猫はほっといていいのよ、誰も拾い手のないような、みっともなくて汚いのだけ、連れてらっしゃい」

映画も好きだっただろうに、子どもたちは映画館に連れていって見せていたが、鶯子先生自身は映画館には入らなかった。テレビが普及してから、古いヨーロッパの戦争映画をテレビでみては、「戦争はむごい、決してやってはいけない」と眼鏡をかけていられないほど、涙を流す。

独立した子の保証人になった鶯子先生が、三度、四度と裏切られることもあった。トヨ子が「いいかげんに保証人をやめたら?」と言うと、「だってトヨちゃん、私がやらないで、どこのどなたに頼むの、あの子」と、しょんぼりと呟いた。

トヨ子の妹が働くようになって、いくらかの「お小遣い」と手紙を送ったときは、うれしくてうれしくて、子どもたちにおやつを配っていても涙がこぼれてしまい、涙をかくすために自分の部屋に行って手紙を読み返したという。

質素な暮らしぶりだが、花が好きで部屋にはいつも花を絶やさなかった。きれいなハンカチを胸のポケットに入れるのがお気に入り。

「わたしの小遣いは、お花とハンカチになるわ」と笑っていた鶯子先生は、こんな言葉も残している。

「小さい者も想像以上の力をもっているものです」

「野の花のようでありたい、ひっそりと片隅で美しく咲いているような」

鶯子先生は、一九六六年十一月九日に逝去、五十六歳だった。

父親の益富政助は、次のように書いている。

「鶯子は十一月六日、めまいがすると申して横になり、特に苦痛を訴えるでもなく、極めて静穏にやすんでいました。早速、中村先生の診断を受け、更に岩間先生にも来て頂き、人間の側からは最善の治療を加えた訳でありましたが、九日午前三時に全く眠ったまま息を引き取りました。脳溢血ということでした。父の私は八十九歳、彼女の母は八十三歳、この老父と老母は生き残って、五十六歳の働き盛りの彼女がさきに逝ってしまうとは、母はなんども『私が代りたかった』と申しました。

彼女は昭和九年三月東京女子大学を卒業するや、卒業式の翌日は愛恵学園に入って約十年、その後は……十一月の最後の日まで二十幾年、全く心身を捧げ尽くして来ました。彼女はたしかに私以上社会奉仕に大きく貢献し、親なき不遇の子ども達を数多く救い上げ、育て上げ、教育し、就職また結婚させ……ました。

これらは、只一人の独身の女性のはたらきとしては、われながら驚くべき成功でした。しかし、またこの事が彼女の為には大いなる重荷となり、近頃ではしばしば『つかれた』と洩らしていました。過労が彼女の弱い肉体をすり減らしていました。一口に申せば、父としての私の助けが足りなかったためで、私が彼女を苦労死にさせたようなものです。私は彼女に対し、また神様に対して申し訳のない罪を犯し、衷心より深くざんげいたしております。

彼女の一室には『愛』という字が一字だけ額になっておりましたが、彼女は何一つ自分のためを思ったことのない満心愛の人でした。葬儀の日、沖縄に就職しているものが二人飛行機で飛んで来ましたが、東京に着いて殆んど半日、遺骨のそばに泣きくずれていました。彼女が育てた子ども達は皆、生みの母同様、或いは生母以上に彼女を慕い愛していました。しかし、経営上の苦労難儀は一通りではありませんでした。神様は彼女を不憫に思しめされ『鶯子やお前の地上での苦労はよくわかっている。もう十分だから、これからわたしのところに来て骨休みをしなさい。わたしが楽をさせてあげる』とそう仰せられて、天上にお引き取り頂いたのであろうとも思われます」

トヨ子は「宗教はなんでも同じ。キリスト教の信仰がない人でも、博愛の精神をもってはるかに人間的に素晴らしい人もいるし、逆にクリスチャンでも、欲にとらわれている人もいます。富士山の上に愛があって、どの道を登るか、その道の違いが宗教なんじゃないでしょうか」と言う。

信仰心とは異なるが、鶯子の信条が、形は変えながらトヨ子のなかに生き続けているように感じる。

「バラはバラ、スミレはスミレ、松は松、竹は竹、それぞれの良さを、よく知らなければならない」というのは鶯子の言葉だが、トヨ子にとってはキリスト教も仏教も、草花の美しさと同じように、それぞれの良さや好みがあるのかもしれない。

ふたつの生年月日

フィリピンでアメリカ軍の攻撃から逃げまどい、収容所に入れられ、日本へと引き揚げてきたトヨ子たち。戸籍や住民票はどうなっていたのだろうか。

骨と皮にやせ細った子どもたちが小学校に入学するとき、鶯子先生たちが手続きをしてくれたのだと思われる。

トヨ子が自分で覚えていた誕生日は一九三二年十一月十五日だ。

だが、看護学校に入学するとき東京の役所で書類を取り寄せてみると、一九三四（昭和九）年四月十二日になっていた。敗戦後の混乱時期、フィリピンからの引き揚げ者ということもあり、トヨ子の記憶とは異なっていた。

フィリピンで避難するとき、おばのいるタモガンに行っていて離れ離れになってしまった妹・利子。トヨ子の夢のなかに利子がよく出てきた。バスの中にいる利子だったり、トイレに入っていくところだったり。「あ、利子」と呼びかけると、その姿が消えてしまう。

看護婦になってから六、七年たったころ、本籍地である沖縄から戸籍を取り寄せてみると、トヨ子の生まれた月日が、利子のそれとほとんど同じに変わっていたのだ。四月十二日のはずが、三月十二日に。

「ああ、利子は私に誕生日をくれて、死んだのかもしれない」とトヨ子は感じた。そして、それ以来、利子の夢を見なくなった。

友だちにも「古謝さんは、いくつも年があるのね」と言われる。

12 その後のトヨ子たち、そして現在

縁談話、沖縄訪問

トヨ子は、鶯子先生から結婚を勧められたこともあったし、一度は関西の旅館の支配人との縁談話もあった。

鶯子先生は、台風で安くなったからと、箪笥や食器棚を花嫁道具にと買っておいたという。それでいて、「トヨちゃんをお嫁をだすとしたら、さびしい」という手紙をあちこちに出していた。

トヨ子は、「結婚話が現実的になると、私がパニックになるんですね。まあ、要するに、ご縁がなかったんでしょうね。そういえば子どものとき、母に『なんで私の肌は黒っぽいの』と聞いたとき、『娘さんになれば色が白くなってお嫁さんになれるのよ』って言われたけど、今でも色黒でお嫁にいってないわね」と笑う。

自分が結婚してしまうと、妹や弟たちが帰ってくるところがなくなるのでは、という気

持ちも、深層心理にあったのではないだろうか。

他の子どもたちとずっと一緒に暮らしていたトヨ子たち。きょうだいのいない仲間たちへの遠慮もあり、妹や弟だけで気楽に過ごす時間はなかった。結婚するより、今のままのほうが落ち着く気もした。

トヨ子は、霊的なものに惹かれることがある。あるお坊さんに、「あなたがこの家の中心になる」と言われたこともあって、なるほどと納得する。母が亡くなったときからの「私が親代わり」という自覚が、トヨ子の人生に強い影響を与えてきたのだろう。

三十歳を越えた頃、両親の生まれ故郷、沖縄の地を初めて訪れた。

敗戦後、アメリカ軍の一方的な土地収用によって、沖縄では住民の土地が基地にされてしまった。古謝家の先祖の墓も、嘉手納基地になっていた。

「林の中のところで、滑走路ではなかったから、ああよかった、戦争には加担してない、と思ったんです」

トヨ子は、沖縄との接触は避けていたが、妹や弟は、鶯子先生が歳をとったら、沖縄に連れて行って一緒に住もうと計画していた。早すぎる鶯子先生の死で、妹や弟の願いは叶うことがなかった。

早い時期に親戚に引き取られた人たちの消息はわからないが、愛恵学園、愛隣団で一緒に暮らしたフィリピン孤児たちは、美容関係、建築家、商船大学の教官になった人、商社を起こした人、結婚して主婦になった人などさまざまだ。

ブラジルに移住して農場経営をしている男性とその妻は、今でも益富家に手紙や写真を送っているという。益富鶯子の妹・宣子は、娘のマリ子と世田谷に住んでいたが、二〇一〇年に九十六歳で亡くなった。

トヨ子は「愛隣団では長女として育った私が、鶯子先生を偲ぶ会も計画できず、共に育った仲間が準備してくれました。そんな仲間たちに、いつも『ありがとう』と心のなかで言ってきました。川の流れではないですが、自然に流れ、山あり谷あり泥沼あり、笑いあり涙ありの人生で、出会った人もさまざま。その都度、あたたかい手をさしのべていただき感謝です」と言う。

そして、もしも自分が愚痴っぽくて不満を抱えていたら、こんな豊かな人生は送れなかった、としみじみ思う。そんな姿勢は、看護の仕事にも現れているようだ。

患者の苦痛をやわらげる足心道

東横百貨店医務室（一九六七年東急百貨店となる）に九年間勤めたあと、トヨ子は、都立公衆衛生看護学院や都立松沢高等看護学校で教える立場の仕事をした。

　その後、やはり自分が看護する場がほしくなり、現場に戻った。三つの病院で、内科、小児精神科、外科などに勤務するなかで、看護師としてさまざまな経験をしてきた。

「どの科もそれぞれ面白さがありますが、整形外科は私を必要としていないと思いました。だって、すぐに元気になって、入院していても患者さんたちが花札とか賭け事をするわけですよ。そうすると看護師はみんなまじめだから、私に言い付けにくる。私は『別にいいじゃない、花札やったって』と思うんですが、立場上、そうもいかない。それがいやなんですよ」

と苦笑い。

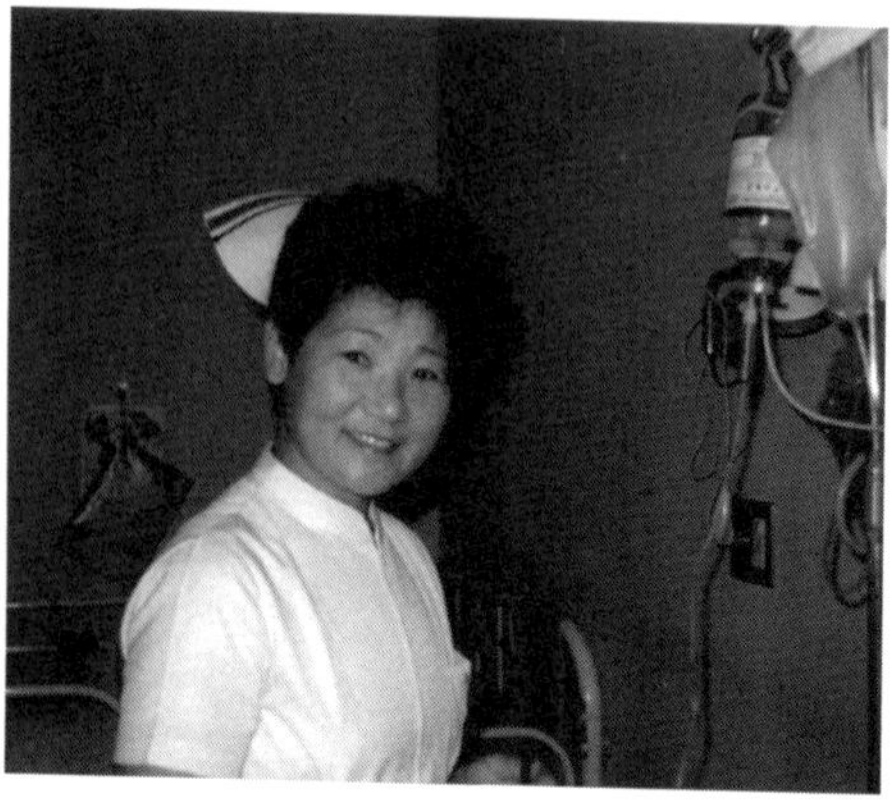

病室で

　特に関心をもって実践したのは、患者の苦痛をどう和らげるかということ。本屋さんで、たまたま目に入った本を手にとると、足のマッサージ（足心道）について書かれたものだった。一読して引き込まれ、さっそく現場で試してみた。

　小児精神科にいたとき、夕食後、興奮して荒々しい声を発したり、不安定な行動をとる少年がいた。就寝時間になっても眠れず、ほかの患者にも影響するので、落ち着かせるために安定剤を注射して就寝してもらっていた。おとなしくはなるが、翌朝もボーっとして気力がなくなってしまう。

そこでトヨ子は、自分が準夜勤の日、足心道を行ってみることにした。

まずは肩をくんで子守唄を歌いながらベッドまで歩いて行く。ベッドに入って横になってもらうが、本人はすぐに起き上がる。

「うん、わかった、わかった」と、言いながら、横になるよう促す。

それでもまた起き上がる。

「そうだね、そうだね」など、意味のない言葉を発しながら、トヨ子は少年の足の指をまわし足裏をマッサージすること約十五分。

少年は、いびきをかき始めた。そして、朝までぐっすりと眠った。

その後も、何回か試みてみたが、注射なしで眠ってくれた。看護の喜びを感じる瞬間だ。

十慈堂病院の内科病棟では、さまざまな疾患の患者さん方に足のマッサージをした。足を洗うとき、拭くときに、ツボを押すこともある。足のツボに効くという肉体的な効用に加え、手で触れられる心地よさが気持ちもほぐしていくのだろう、よく眠れると喜ばれた。

幼い頃、フィリピンで入院した母を看病したこと、近所のおじさんの背中をさするようにマッサージしたこと、引き揚げ船で上陸した浦賀の宿舎で、妹や弟の世話をしたこと……振り返ってみると、トヨ子は「ケアする」ことを自然としてきた。

看護に必要なのは心のふれあい

同僚の職員のなかに、二言めには「だって」「でも」などと言い訳ばかりする人がいた。なぜ、そういう言葉を使うのかトヨ子は不思議だった。自分は何かミスを指摘されたら「あら、間違えてた？　ごめんなさいね」と謝ってしまうからだ。

そんなトヨ子を見て、「古謝さんって叱られ上手ね。そこまで謝られたら叱れないわ」と言う人がいた。彼女は職場を辞めるとき「あなたから謝ることを教わりました」という手紙をトヨ子にくれた。

「人のせいにしないことですね。患者さんに対する『接遇』も同じです。どんなに自分が大変でも、患者さんやご家族の気持ちを大事にしないと。誰もが人より優秀でありたいと思うんです。それでも失敗はする、だから落ち込むんです。『こんなつもりじゃなかった』と言いたくなる。それが言い訳に聞こえてしまい、相手の気に触ってしまうんです」

長年の経験から、看護についてはこう考える。

「手順や知識は必須ですが、その先の看護は相手によって違ってきます。モニターばかり見ている看護師を患者さんは信じられません。便利なものができたおかげで、大切なもの、心を忘れてしまっては看護の仕事はできません。モニターはその人のバイタル（生命状態）を正しく伝えてくれますが、それと同時に、一人ひとりの心にも近寄ってほしいのです」

死は、人生の卒業日

トヨ子は若いうちから家族や近しい人の死に立ち会ってきた。

一九四五年、トヨ子の父・世次郎は、母に向かって「子どもたちを頼む」と言って亡くなった。

日本への帰国を前に、母はどれほど不安だっただろう。

そして、引き揚げ船に乗り、「富士山が見えた！」と喜んで駆けつけた子どもたちを凝視する母の目には、やっと日本に送り届けたという安堵の気持ちが浮かんでいた。それを見たトヨ子は「お母さん、死んじゃうかも」とふと感じて、思わず「私がいるから、だいじょうぶ！」と声をかけた。

そのトヨ子の声を聞いて、深呼吸し、全身の力が抜けていった母・ウシ。

母にかわって自分が守ろうと必死でがんばっていたけれど、はかなく消えていった一番下の弟・世喜。

フィリピンでおばの所へ遊びに行ったまま、再会できなかった妹・利子。

生まれてから十余年で、身近な人をこんなに失ってしまった。

看護師になって総合病棟に勤務すると、死に遭遇することも多い。

親代わりに育ててくれた鶯子先生の死は、突然だった。脳出血で倒れ、青少年ホームで友人や子どもたちに囲まれて人生を終えた。

鶯子先生と一緒にトヨ子たちの世話をしてくれた西垣都美先生は、入院から二年後、トヨ子が働く十慈堂病院で、おだやかに逝かれた。

鶯子先生の父親、益富政助が九五歳の時、トヨ子の職場に電話がきた。

「トヨちゃん、おじいちゃまの熱が下がらないの」と鶯子の妹・宣子からだった。

「え？　すぐに行きます」と返事をして、タクシーで経堂駅に駆けつけた。

「ああ、ごめんね」とトヨ子を迎える宣子と娘のマリ子。

「どうなさったの？」と言いながら、トヨ子は寝室に入る。

政助の白ひげに覆われた口からは、弱々しい声が聞こえる。

「トヨちゃんや、あと二年、生かしてほしい。それまでには、ある一家が立ち直るから」

バルンカテーテル（導尿）からほとんど出ていない。

「おじいちゃま、だいじょうぶ。おしっこさえ流れたら、お熱は下がりますよ」

主治医の所からバルーンを取ってきてもらって交換すると、じょじょに熱が下がった。

鶯子先生（右）と西垣先生

それから二年。

再びトヨ子の職場に電話がかかってきた。駆けつけると、政助の顔は、白いロウソクより白く、透き通った顔をしていた。トヨ子を見るなり、こう言った。

「トヨちゃん、あと二時間だと思う。お風呂に入りたいな」

さすがに入浴は難しいので、トヨ子は全身清拭を行った。

政助は、家庭療養を希望していたので、酸素吸入も吸引器もなく、バルンカテーテルのみ。本人の予告どおり、ゆっくりと、二時間で息を引き取った。娘・鶯子の死から十年後の一九七六年四月十七日、九七歳だった。

「なんと穏やかな死、きちっと、さわ

やかに生き抜いた方でした。死というのは、人生の卒業なのだなと感じました」

トヨ子はこのように死をとらえるようになった。

八一歳、ラッキーな人生です

トヨ子は、一九八一年からは敬生会・十慈堂病院（佐久昭理事長）に勤務して、「患者さんによいと思うことは、なんでもやってみようよ」と看護職員たちに呼びかけ、心豊かにケアをすることができた。

二〇〇一年には、やよい台・仁という老人施設で働いている。

二〇〇八年からは、週四日、一日四～五時間の勤務にした。自分で車を運転して通う。まわりが心配するので、他の人を乗せることと夜間の運転は控えるようにした。

看護の現場には出ないが、朝は入所者に笑顔で話しかけ、発声練習をして歌を歌い、オリジナル体操を一緒にする毎日である。

年を重ねて、病気や障害を抱えるようになった人たちが、引け目を感じず、今の自分を当たり前に受け入れ、平和な気持ちで生活してほしいと願っている。

「六十歳から百歳代の入所者のなかで、私は八一歳でしょ、うれしいことに、何を話すにも『私たちは』と同じ場に立てるんですよ。『私たちの時はこうだった』『あの頃はああだったけど今の時代は……』と、同世代の仲間たちの中で仕事ができることは喜びです。ナースでよかったと実感します」

たしかに、若い職員にはできないことだ。

しかし、トヨ子にはまだ課題がある。入所者の高齢者に話したいけれど話せないことがあるのだ。それは、死は人生の卒業日で、誰にでも訪れるもの、だから、タブーにしないでということだ。

「仲間である入所者に向けて、このことをストレートには言えないのです。私自身も卒業の日が近づいている年齢です。ぜひ話せるところまで達したいものです」

死のその日まで、笑顔を見たい。

妹や弟も成長していった。

すぐ下の妹、清子は栄養学を学んで栄養士になった。技術者であるアメリカ人男性と結婚し、三十代のときからアメリカに住み、娘も一人いる。ここ何年かは、夏になるとトヨ子は妹が住むフロリダに一カ月ほど滞在する。

その下の和子は保育士になったあと腰を痛めたため、事務の仕事に転職した。

弟の世旭は、不動産の仕事に就き、結婚して子どもが一人いる。

「振り返ってみると、なぜ生きて日本に帰ってこられたのか、不思議ですよね。あのとき、タモガン山に逃げていたら生きていられたかどうか。父が病気にならなくて、もっと早い引き揚げ船に乗っていたらどうなっていたか。浦賀沖で母が亡くならなかったら、どうなったか。鶯子先生に会えなかったらどうなっていたのか。『もしも』と考えると恐ろしくなります。荒波を乗り越え、いろいろな偶然が重なり合って、私たちきょうだいは、こうやって今まで生きてきました。フィリピンに残った日本人孤児の方の記録などを読むと、申し訳なくなるとともに、自分たちは幸せだと思います」

トヨ子と和子は二人で家を建てたあと、東京都の学校事務職員だった和子は、伊豆七島の利島、式根島、八丈島の勤務を希望した。島の植物に興味があり、仕事以外の時間は、植物の研究をしていた。

定年退職を迎え、和子もトヨ子と暮らしている。和子にとって、島での暮らしと人々との交流は、とても大切なものだった。

手をかけすぎない自然が好きなトヨ子と和子は、自宅の庭にさまざまな草花、樹木を植えて楽しんでいる。室内には、妹や弟の孫たちをはじめ、たくさんの写真が飾られている。

「多くの人に出会い、その人たちからたくさんの喜びや宝を受け取りました。ふたりの妹と弟の家族にも喜びをもらっています。すごくラッキーな人生だったと深呼吸する日々です」

◎資料
愛隣団の少年の綴方より

柴山繁雄

ここに掲載するのは『婦人画報』一九四八（昭和二三）年四月号掲載の「孤児を育てて」（愛隣団と益富鶯子さんの活動を紹介したレポート）の冒頭に引用されている一少年の綴方である。（『益富鶯子追憶集』転載のものから収載）

「ぼくたちは十二月（昭和十九年）にりょうじかんから十日かんの食糧を持ってサンホセにひなんしろといってきたので、ぼくは、お父さん、お母さんのお手つだいをして、大急ぎで荷物をつくりました。そうして夕方自動車でみんないっしょに、トンドのえきにいきました。父さんは、軍ぞくですから一しょに行かれません。そこでぼくと、お母さんと二人の妹と四人は、お父さんに別れをつげて汽車にのりました。一晩かかって、翌日のおひる頃サンホセというところにつきました。汽車からおりると、みんなといっしょに馬ごやにひなんしました。雨がもるぼろぼろの家です。ふとんもありません。かやの草をしいて休みました。ぼくらは、そこでおしょうがつ（昭和二十年）を迎えました。おもちはありましたが、かびのはえたおもちでした。サンホセでは、あんまりひこうきがこなかったので、ぼくたちは毎日川にあそびに行っていました。そのうちに、だんだんひこうきがくる様になったので、トラックにのって、もてるだけのにもつをもってバヨンボンににげました。バヨンボンは山と山にかこまれたところの学校にみんなでひなんをしました。そこでは三度三度はいきゅうのおにぎりが一つきりでした。あるとき、ぼくたちがすいじのてつだいをしていると山のあいだから、ノウスアメリカンが急にとんできてきじゅうをうってきました。ぼくは、木のかげにかくれて、ぶるぶるふるえていました。ひこうきがかえると、ぼくはおおいそぎでにげてかえりました。そうして、にもつをせおって、森の中にかくれました。毎日毎日、ひこうきがくるので、又そこからソラノに逃げました。

ソラノの家は、前に川があって、そこには、あひるがいっぱいおよいでいました。川にかかっているはしは、まるい木でできていました。手すりは竹で出来て居ました。ぼくが向いの人のうちにあそびにいったときちょうど、ひこうきがきたので、そのはしをいそいで渡ろうとして、僕はすべって川の中におちました。ビショビショになって、母さんのところへいくと、なぜあそびにいくのかとしかられてしまいました。あんまりひこうきがくるので、土人にきものをやって、ぼうくうごうを掘ってもらいました。ぼうくうごうができると、晩、お母さんと二人で朝とおひるのおべんとうをこしらえました。朝はやくおきて、たんすいとうをさげて、べんとうをもって、たんぼのぼうくうごうに行きました。ぼうくうごうの中で、きじゅうがはじまると、もうふをかぶっていました。ひこうきがかえってしまうと、ねてあそんでいました。晩になると、又すいとうのからとべんとうがらをせおって、四人でこわかったことをはなしながらかえりました。

一日一日とくうしゅうがひどくなったので、こんどは、ボンハルに行きました。そこには、うちがいっぱいあって、さとうきび畑もありました。そのさとうきびをとって来てと妹がいうので、ぼくは一人で、ボロをもってとりに行きました。その時にひこうきがきましたので、ぼくは、そこに坐ってひこうきの行ってしまうまでまっていました。ひこうきがかえると、いそいできびをかついでかえりました。四月頃のある日、ぼくたちがねていますと、晩、お父さんがかえってきました。ぼくは、そのときは、ほんとうにうれしくて、ゆめのようでした。それから、朝になると、お父さんから軍ぞくになっていたところのおはなしをしてもらいました。こんど又、村長さんから山ににげる様にといってきたので、お父さんは車をつくりました。すると、どこからか、うまく馬がまよいこんできたのでそれをつかまえて、車をひかすことにしました。夕方みんなもにげていきます。ぼくは、馬のたづなをひき、お父さんとお母さんが車をおします。六つの妹は車にのせて、九つの妹はついてきました。歩るいているうちにだんだんくらくなりました。くらいみちをあるいていると、ばくだんのおちた方に車がおちましたので、みんなであげました。夜が明けてきたのでみんなで、森の中でやすみました。そうして、又、夜になると、車をひっぱってあるきました。

毎晩々々車をひっぱっていきました。坂にきたときに馬があるかないのでむりにおすと、大きな石にぶつかって、車がこわれました。そのうちにあかるくなったので、車をすてて、川のそばの森にかくれました。それから、これじゃだめだというので、お父さんが馬にのって、カラバホとかえにボンハルへいきました。そうしてカラバホとかえてかえってこようとした時に、アメリカのせんしゃぶたいがもうばんをしていたので、カラバホをすてて、田んぼをぬけてにげてきました。そうしてこんどは、にもつをせおってにげることになりました。毎晩あるいて朝になるとかくれ、又あるきました。

ある時、五人で山をあがっていますと、急に雨がふってきました。坂をおりるときにお父さんがすべってぼくに、ぶっかったので、こんどは、ぼくがすべって坂からおちました。

けれどお父さんは、ぶっかったところでとまりました。そうして、お父さんが、坂からおりてきて、おこしてくれました。坂をおりると、そこのみちは、川のみちです。そのみちは、石がいっぱいあって、あるきにくいみちです。ころんだり雨にぬれて、ビショぬれになりました。あんまり雨がひどくふったので、川の水がふえて渡れなくなりましたので、しかたなく川のへりにもうふをはって、そこにやすみました。そこにいるあいだに、お母さんがかっけになるし、お父さんは、けつべんをしましたので、先へ行くことができなくなりました。

ある時、お父さんが、たき木をとっておいでといったので、とりにいきましたが、たき木がないのでかえってくると、お父さんは、しかたなしにいこうといって、杖をついて、今度は、二人でいきました。そうして、大きな木の上にすわって、お父さんが繁雄ちょっとおいで、おはなしがあると言ったので、いくとお父さんとお母さんが死んだらどうするかといったので、ぼくはなんにもいわずに、ないてしまいました。そうすると、お父さんがどうしても死なない、石にかじりついてでもいくよといってくれました。そうして二人でたき木をかついでかえりました。しばらくたって、ひるごろお父さんが、はらがいたいといったので川かみにいた、へいたいさんのところにおくすりをもらいに行きました。すると、しばらくたって見ると、もうお父きんは、かたくなって、死んでいました。そうして、ぼくがお母さん、お父さんは、もう死んだよ、と言うと、お母さんが、お父さんの手をもちました。繁雄、お父さんのかみのけとつめをきりなさいといったので、ぼくは、なきながら、お父さんのかみのけとつめをきりました。そうして、その晩、川にながすのでしたが、お母さんが、もう一晩いっしょにねて、あした

の朝早くへいたいさんに川へながしてもらうことにしました。朝になって、ながすときに、白いもうふにお父さんをつつんで、へいたいさんがかかへました。そのとき、ぼくたちは、目をつぶって、もくとうをしました。川へながしたあと、お母さんが、お父さんのしゃしんをだして、もうお父さんとあえないから、このしゃしんをだいじにしなさいといいました。

その晩、又、ひどい雨がふってきて、みんなのきものやなんか、ながされてしまいました。へいたいさんにたすけて下さいといっても、へいたいさんはきてくれませんので、ぼくが、よびにいくと、へいたいさんは、ああそうかといって、きてくれませんでした。朝になるとひなたできものをかわかしました。お父さんのしゃしんもぬれて、はげていました。そこにいると、ぼくのお父さんのはたらいていたところのへいたいさんがとおりましたので、おねがいして、上のほうのへいたいさんのいたところにひっこしをしました。そのへいたいさんにたのんで、お父さんの首にさげるとけいとたべものと、とつかえてきてもらうことになりました。へいたいさんがあさって、きますといいました。そのあくる日のおひる、お母さんがなくなりました。そのときに妹が、もうお母さんはなにもいわないから死んだといったので、見ると、ほんとに、もうそのときには、お母さんは死んでいました。それからへいたいさんがあさってくるといったので、まっていると、いく日たってもきません。そのうちにお母さんのしがいもくさくなりましたので、ひっこしをしょうといったのですが、六つの妹は、どうしても、お母さんから、はなれないといいます。九つの妹はいこうといいますので、しかたがなくお母さんに、白いもうふをかけて、二人で、ひっこしをしました。しばらくたっていって見ると、もう妹とお母さんは、きものをきたままで、白骨になって、かみのけもなく目もなく、目には、穴があいていて白骨になっていました。ぼくは、がっかりして、かえりました。そのうちに、へいたいさんが、山からおりていきますので、ぼくたちも、二人でいきました。そのときには、いもうとは、たつことができないのでいぬのようにはってあきましたが、とちゅうまでくると、もうあるけないといいました。けれど、ついておいでといいましたが、いやだといってきませんでしたので、しかたなくぼく一人でいきました。妹はにいちゃんにいちゃんとよんでいましたが、ぼくは、一人でいきました。そうして、みんなのいる所にようやくつきました。それからあるけない人は、おんぶをしてもらっていきました。

そのとき、ぼくも、へいたいさんにおぶられました。そしてアメリカのトラックにのせられて、サンホセのびょういんにいきました。

そのとき、朝もひるも、夜も、おかしばっかりでしたのであきてしまいました。いちばんはじめは、とってもおいしかったのですが、だんだんとあきてしまいました。サンホセのびょういんで、きものは、みんなとりあげられて、しんちゅう軍の大きなきものをきせられました。ぼくのきていたきもののポケットにぼくのお父さんと、お母さんのいはつがはいっていましたのですが、もやされてしまいました。こんどは、マニラのびょういんへ汽車にのせられて、いきました。汽車がとまると、たんかにのせて、おろしました。そうしてせきじゅうじのついた自動車にのせて、マニラのびょういんにつきました。ついたときは、夜でしたので、ごはんを下さいました。そして、マニラのびょういんで、ぼくのともだちとあいました。毎日ちゅうしゃをしましたので、あしのふくれもとれました。そうして、ながいあいだたって元気になりました。」

＊本稿には差別的な言葉があるが、書かれた時代的限界の反影でもあるのでそのまま掲載した。

関連年表

1878（明治11）7月7日　益富政助、熊本県で生まれる
1888（21）スペイン植民地下のフィリピンに明治政府が「在マニラ日本総領事館」を開設
1898（31）フィリピン、米西戦争の結果、350年にわたるスペイン支配からアメリカ支配へ
1903（36）日本人男性約5千人、ルソン島バギオに通じるベンゲット道路建設のために契約労働者として出稼ぎ。ダバオにも移民がわたるが一年で戻ってしまう
1904（37）フィリピン・ダバオにマニラから日本人移民
日露戦争
政助、YMCA同盟の一員として軍隊慰労事業に参加
1910（43）10月20日　益富鶯子、東京都新宿区大久保で生まれる（母きの、父政助）
1923（大正12）関東大震災
1928（昭和3）鶯子、青山学院高等女学部卒業、東京女子大学高等学部入学
1931（6）9月18日　中国で柳条湖事件（満州事変）
11月15日　古謝トヨ子、ミンダナオで生まれる（母ウシ、父世次郎）
1934（9）鶯子、東京女子大学大学部英文科卒業、足立区の愛恵学園に就職
1935（10）フィリピン人の独立要求に対しアメリカは1946年独立授与を約束、それまでの10年の暫定期間をコモンウェルス（独立準備）政府に設ける
1937（12）7月7日　盧溝橋事件、日中戦争始まる

1939（14）トヨ子、カリナン日本人小学校に入学
1941（16）12月8日　日本軍、ハワイ真珠湾攻撃。ダバオの在留邦人、米軍に捕虜として収容される
12月20日　日本軍、ダバオ侵攻、邦人解放
1942（17）**3月　愛恵学園閉園、鶯子も退職。翌月、賀川豊彦の秘書になる**
1943（18）フィリピン共和国独立宣言（内実は日本が支配する傀儡政権）
1944（19）5月　ダバオ在留日本人17～43歳男子を徴兵検査、10月1日に1734人が入隊
8月6日　米軍機がダバオを初空爆。9月9、10日の空爆でダバオ市街地全焼
1945（20）4月下旬　米軍、ダバオ上陸。日本軍「日本人と家族はタモガンへ避難せよ」と司令官命令
6月28日　日本、「戦災遺児保護対策要綱」
8月15日　日本、ポツダム宣言を受諾して無条件降伏
11月10日　トヨ子たちを乗せた引き揚げ船が浦賀に上陸
鶯子、戦災孤児収容施設開設主事として浦賀に子どもたちを迎えに行く
1946（21）**4月　トヨ子 足立区立関原小学校に転入**
7月4日　フィリピン独立
1947（22）5月浦賀引揚援護局、閉鎖
愛恵学園（足立区）から愛隣団（台東区）の建物へ引っ越す
1949（24）**トヨ子、私立女子聖学院中学部卒業、都立上野定時制高校入学**

1950（25）朝鮮戦争
1952（27）サンフランシスコ講和条約・日米安全保障条約発効、日本独立。マニラに「日本政府マニラ在外事務所」開設
1953（28）トヨ子、東京都立第一高等看護学校に入学
1956（31）日比賠償協定締結（日本とフィリピンの国交回復）
愛隣団、児童養護施設バット博士記念ホームと改称、鶯子は保母主任に
1957（32）トヨ子、看護学校を卒業、東京都立広尾病院に就職
1958（33）鶯子、養護施設アフターケア青少年ホームを開設、主事となる
1960（3）日比友好通商航海条約締結したが、反日感情強くフィリピン批准せず
1961（36）鶯子、財団法人白根学園指導主事（青少年ホームと兼務）
トヨ子、東横百貨店医務室に転職
1964（39）鶯子、白根学園を退職
1966（41）11月9日午前3時、鶯子亡くなる
前年就任したフェルディナンド・マルコス大統領、フィリピン議会の承認のないまま日本企業のフィリピンでの営業活動を認める発令
1967（42）日本政府、フィリピンでの遺骨収集を開始
1970（45）トヨ子、東京都立公衆衛生看護学院准看護婦科に就職
1972（47）9月マルコス大統領、戒厳令体制を敷き、大統領令によって日比友好通商航海条約を強権的に批准

1973（48）田中角栄首相、フィリピンを訪問
日比友好通商航海条約、フィリピンが批准
1976（51）日比友好通商航海条約の改定（戦時賠償の支払い最終年）、以後何回も交渉
益富政助亡くなる
1978（53）**トヨ子、都立松沢高等看護学校に転職（その後、都立梅ヶ丘小児精神科、私立横浜東邦病院に勤務）**
1980（55）両政府間で日比友好通商航海条約の批准書交換。80年代はフィリピンからの女性の出稼ぎが増える
1981（56）**トヨ子、医療法人敬生会 十慈堂病院に勤務**
1985（60）「嫁不足」の東北・山形で町役場が結婚業者と提携して農家男性とフィリピン女性との集団結婚。その後、他県でも広まる
1986（61）フィリピンのコラソン・アキノ大統領、来日して昭和天皇と面会
2001（平成13）**トヨ子、医療法人敬生会 介護老人保健施設やよい台仁に転勤、現在にいたる**
2004（16）11月両国政府間で経済連携協定（自由貿易協定）が大筋合意。看護師や介護福祉士候補者等の来日可能に

古謝トヨ子さんとの出会い、そしてフィリピンからの引き揚げ孤児について

「あとがき」にかえて

古謝トヨ子さんの職場を訪ねたのは、二〇〇九年二月のことだった。神奈川県の弥生台、住宅街を歩いて行った先、ちょっと坂の上にある高齢者向け施設に伺った。

トヨ子さんの第一印象は、若々しくて、ハツラツ、テキパキ。看護婦さんに対する私のイメージは「白衣の天使」より「ちょっと怖い」なのだが、トヨ子さんの暖かい雰囲気に、ほっとしたのを覚えている。

フィリピンでの出来事、日本に来るまでの話をお聞きして、ご自身で書かれたものもお預りした。

レポート用紙だけでなく、スーパーのチラシ、カレンダー、なにかの書類の裏に、鉛筆やボールペンの強い筆圧で書かれている。一気に書いたというよりは、書き始めて、また時間が経ってから書き継いで、何年か経ってまた改めて綴っていき……という記録が、文

字通り累積していた。

何回も出てくる場面は、それだけ心に深く刻まれていることなのだろう。

戦火が激しくなったフィリピンでの逃避行。日本が戦争に負け、アメリカ軍の収容所での父の死。日本への引き揚げ船に乗り、やっと富士山が見えたときに息をひきとった母。骨と皮のようになって神奈川県浦賀に上陸した十二歳の少女が、戦後の日本を生き抜いてきた……。いま、私と同じ空気を同じ日本で吸っている明るい笑顔のあの女性に、こんな過去があったとは。

その後も、何回か自宅にお邪魔して、わかりづらいところを教えてもらい、くわしい状況についてお尋ねしてきた。

日本軍の兵士たちが、「南方」で食糧がなく悲惨を極めたこと、アジア各地で現地住民に対して行った「非人間的」といえるだろう行為については、小説や映画をはじめ、資料を読み体験者の話も聞いたことがある。

中国東北部（旧満州）に渡った満蒙開拓団の人々の植民地体験や敗戦・引き揚げの苦労は、ドラマや映画、小説や手記で伝えられてきた。中国残留孤児の身元調査をテレビや新聞で見ては、その苛酷な体験から戦争のむごさを知らされた。親からも、親戚や近所のだれそれが、中国やシベリアから引き揚げてきた話を聞かされた。中国から引き揚げてきた人が始めた餃子屋さんも近くにあるし、何かで会った人の親が「残留孤児」のこともあった。南方で戦い九死に一生を得た兵士を父にもつ友人もいる。戦争の痕跡は日常のなかにも見え隠れしている。

それなのに、フィリピンからの民間人の引き揚げ、そこに子どもたちもいたことを、恥ずかしながら私はほとんど知らなかった。

大日本帝国が、大東亜共栄圏、八紘一宇のかけごえのもと、アジア諸国に侵略したとき、軍隊だけではなく民間の日本人も、鉄道敷設や商売のため、農地開拓者として、役場や学校の職員として植民地で暮らしていた。とくにフィリピンでは、一九〇〇年過ぎからベンゲット道路建設のために日本人労働者が移り住み、やがてミンダナオの麻栽培を担うようになっていった。出稼ぎ日本人たちは結婚して、子どもたちも生まれた。子連れで移り住む日本人もいた。

古川義三著『ダバオ開拓記』によると、太平洋戦争前の南洋諸島内の日本人は約四万人。蘭印（オランダ領インド、現在のインドネシア）六千人、英領マレイ（マレーシア）五千人に対し、フィリピンは二万七千人。そのうちダバオに二万人が住み、沖縄県人が一番多く、ついで福島県人が多かったという。ダバオの人口については二万人には満たなくて最大でも一万九〇八九人だったと早瀬晋三さんが「『ダバオ国』の在留邦人」に書いている。

「私のことはいいです。鶯子先生のことを記録してください」とおっしゃるトヨ子さんに、彼女自身のことも書かせてほしいとお願いした。それは、人の人生をもてあそぶ戦争の恐ろしさを伝えるだけでなく、血はつながっていない大人や子どもたちとの共同生活で成長し、「私の人生、ラッキーでした」というトヨ子さんのたくましさが、私もふくめた今の人、今の世の中に必要だと感じたからでもある。

「自分で産むならせいぜい四人か五人でしょ、私は産んでないけど、こんなにたくさんの子の親になっているのよ」という鶯子先生の発想にも、学ぶことがあるように思えた。

聖路加女子専門学校やアメリカの看護学校を出て厚生省の看護課長、衆議院議員も努め、戦後の看護体制・看護教育確立に貢献した金子光さんは、鶯子さんの告別式でこう式辞を述べた。

「貴方がその折々に書きしるされた言葉のいくつかを、お集まりの皆様に聞いていただき、御一緒に貴方をしのびたいと思います」。そして次の言葉を紹介している。

「母をうしなった子供達に
母さんに代る人がいる
母さんならどうする
母の姿を心にえがき
声を心にきいて

母さんになって子供に答えよう
母、よい母のかしこい母の心になって
子供を見まもりたい
母の心を理解しよう
（中略）
私がせっするすべての人々に対していつもその一つ一つの命を大切にしよう
バラはバラ、スミレはスミレ、松は松
竹は竹、それぞれの良さをよく知らねばならない、一つ一つの魂をよく理解し
これを愛し、これを尊敬する、子供らの命を尊んで、その生長を助けて行く
それが母の光栄あるつとめなのだ（後略）」

鶯子さんの仕事は大勢のサポーターによって支えられていたが、金子光さんも強力な文援者の一人だった。

「偶然のことから診ることになった」という医師の岩間哲郎さんは、「毎日国電で北千住まで行き、焼野ガ原を寒風にさらされながら、三、四十分歩いて、西新井橋を渡って愛恵学園まで通った」と回想している。「子供たちはみんな極度の栄養失調で、文字通り骨と皮ばかりで、頭髪は全部抜け落ちて男女の区別もつかない。……一人残らず全身の疥癬で、わたしはみんなを丸裸にして硫黄剤をぬりたくった。肩に手掌大の創傷を持った子供もい

た。砲弾の破片によるもので、全治するのに半年はかかったように思う。わたしは復員する時、海軍から持ってきた医薬品を全部注ぎこんだが、またたくまに底をついて、一時は途方にくれてしまった。その時期は国も自治体も何の手も打ってくれなかったからである。子供の一人が肺炎になったときは、万有製薬の工場まで出かけて実験用のフラスコ入りのペニシリンを拝み倒してもらってきた。ペニシリンは勿論まだ一般に販売されてはいなかったのだ。幸い、しばらくして、重症の子供は聖ルカ病院に入院させることができるようになった。中学（引用者注：関西学院中学部）の先輩である日野原重明先生が全面的にバックアップして下さることになったのである」（『バレーを踊る医学生』）

こうして、日野原重明さんなど聖路加国際病院の医師や看護婦が協力してくれた。

戦争の犠牲になった子どもたちを、みんなで育てようという意識もあったのだろうし、親と暮らせない子ども、子どもに恵まれない大人などさまざまな人間関係があり、血がつながった親子関係が今ほど絶対視されていなかった気もする。それでも、偏見や差別は存在し、鶯子さんたちの実践は困難な道のりであった。

敗戦後の孤児の施設といえば、エリザベス・サンダース・ホームが有名だ。アメリカ兵と日本女性との間に生まれ、親が育てられない「混血児」（当時は「あいのこ」と差別的な呼ばれ方もしていた）を引き取った沢田美喜さんのことは、「戦争を知らない子どもたち」

の私でも知っていた。『歴史のおとし子――エリザベス・サンダース・ホーム10年の歩み』という写真集をみると、子どもたちが集団で暮らす様子が、微笑ましい表情とともに写し出されている。

沢田美喜さんも、こう書いている。

「彼女らの服装を想像されたことがあるだろうか。敗戦の日から、否、それより前の最後の空襲の日から着たままの、汗をあかと黒光りに光ったモンペ姿である。足ははだしで、焼野原となった街を歩きまわり、その日の餓えをしのぐだけの食物を求め、働き場所を捜していたのだった。……彼女らに心を配る日本人がどれほどいただろうか。誰もが知らん顔をしてこれをみすごしていた。……彼女らの足のゆびから血がながれているのを見るに見かねて、救いの手をのばすのは、アメリカの兵隊達であった。……それで彼女らは自分の体をもって報いるほかなかったのだ。……これらの母を責めたり、この子供達を白眼視することはできないはずである。もしも被災者ではないもの達が、戦災をまぬかれた物資を分けあたえていたならば、混血児の生まれてくる数も半減したのではなかったろうか……あのころの政治家が、たとえ一人でも戦災者にこうした（戦時中、日本軍がかくしていた）物資を分けあたえることを考えてくれたならば……と思わざるを得ない」（『母と子の絆』）

エリザベス・サンダース・ホームと事情は異なるとはいえ、戦後の孤児たちを育てた施設、キリスト教との関連など共通点もある。にもかかわらずフィリピン引き揚げ孤児を育てた鶯子さんたちの愛恵学園や愛隣団については、ほとんど知られていないのではないか。「鶯子先生ありがとう」というトヨ子さんの気持ちが、私にも乗り移ってきた。

浦賀での引き揚げ事業について、少し補足しておきたい。

日本が戦争に負けて受諾したポツダム宣言第九項には「日本国軍隊は完全に武装を解除せられたのち各自の家庭に復帰」とあり、連合国軍は、海外にいた日本軍将兵の帰還に着手した。

当初、連合国は、将兵の帰還を「復員」、民間人の帰還を「引き揚げ」と区別していたが、内務省（のちに厚生省）が両方あわせて「引き揚げ」と呼ぶようになった。

浦賀に到着した最初の引き揚げ船は、一九四五年十月七日の氷川丸で、ミレ島など南洋諸島から将兵二四八六人（陸軍一〇二〇人、海軍一四六六人）、そのうち五〇〇人は傷病患者だった（氷川丸の初上陸は十月二日、二五八〇人という記録もある）。

それから約一カ月後、トヨ子さんたちが乗った船が十一月十日に上陸。

『浦賀引揚援護局史』には引き揚げの状況が次のように記されているという。

「昭和20・11・10　フィリッピン・ミンダナオ島ダバオより引揚の一般邦人1、431人を収容、全員が重症患者で死亡者が続出した。

浦賀港引揚記念の碑（筆者撮影）

同20・11・11　フィリッピン・ミンダナオ島ダバオより引揚の一般邦人1、470人を収容、前船同様、全員が栄養失調、マラリア、疥癬などの重症患者で、死亡者が続出した。なお、ダバオからの引揚は沖縄県人が多かった」（『浦賀港引揚関連体験集』）

次のような記述もある。

「引揚者のなかには、数は必ずしも多くはないが、かなりの孤児がいた。殊に引揚開始当時は優先的に最も事情の悪い方から着手された関係上、初めのころは孤児の数も多かった。20年末にダバオから引揚げた中に孤児の集団もあった。ジャングルを敵の砲爆撃に追われて逃げる間に親を失った子供達が集まって自ら集団化したのが生き残ったのである。引揚船の中で、更に上陸してから収容所の中で子供の手を握ったまま息絶えた親達も多かった。孤児の内、未だ引取人が見当たらないものについては、社会事業施設（横浜市金沢区金沢郷、横須賀市衣笠春光園等）に委託した数は一一四名に上った」（『浦賀港引揚船関連写真資料集』）

トヨ子さんの場合は「集団化した孤児」とも違うし、引き取り先についてもこの記録には該当していない。

浦賀に本格的に復員兵たちが上陸するのは一九四六年になってから。四月になって復員船でコレラ患者が発生、感染を防ぐために上陸は中止させられ、復員兵たちは、目の前に日本の山々を見ながら、不潔で混み合う船内で十分な食糧もなく留め置かれ、そこで命を落とす人もいた。

ダルマ船で沖に出て縄梯子で船に登り患者を診た医師や看護婦、亡くなった方の遺体を運んだ人などの体験が、『浦賀港引揚船関連体験集』で語られている。

浦賀港に上陸する引き揚げ船は、一九四六年十月にピークを越え、翌四七年五月に引き揚げと送出事業を終えた。引き揚げ者数が多い港は、博多、佐世保、舞鶴の順で、浦賀は四番目の上陸人数だったという。

今年、「浦賀港引き揚げ記念の碑」をやっと訪れることができた。浦賀資料館（浦賀コミュニティセンター分館）では、当時の様子を映した映像を見せていただいた。引き揚げ船の中、ＤＤＴを散布しているところ、ズラリと並んだ兵士たちの検便など、写真ではなく動画が残っていることに驚いた。今は親子連れが釣り糸を垂れている、のどかな陸軍桟橋。七十年前、ボートから桟橋に駆け上ろうとする復員兵たちの手を、桟橋側から看護婦らしき女性たちが次々と引っぱってあげる姿が目に焼きついた。

浦賀港の東西を結ぶ渡船に乗ると、おじさんが「ここまできて船の中で死んじゃった人もいるらしいよ」と話しかけてくれた。

鴨居援護所　旧浦賀船渠徴用工宿舎を使用、収容能力は4000人。1946年2月20日には昭和天皇が慰問に訪れた。（『浦賀港引揚船関連写真資料集』より）

フィリピンから引き揚げてきたものの、兄弟と会えないままの孤児もいた。一九九六年十一月十三日付けの「琉球新報」には、沖縄の具志川市に住む比屋根伸厚さん（59）が弟を捜しているという記事が載っていた。沖縄出身の伸厚さんの父母はダバオで麻栽培をしていて、伸厚さんをふくめ五人の子どもがいた。一九四〇年に家族で里帰りしたとき、伸厚さんだけ沖縄の祖父母に預けられ、ほかの家族はフィリピンに戻った。父の真勢さんは現地で招集されて戦死、三男の実さん、一番下の子も戦時中に亡くなり、母カマドさんと長女の勝子さんもダリアオン収容所で死亡。一九三八年生まれで当時七歳だった広さんは生きのびて、一九四五年十一月ごろに引き揚げ船で浦賀に到着し鴨居収容所に収容されたことは、一緒に引き揚げた県出身者の話から判明した。孤児収容所や寺に引き取られたとの証言もあるが、不明のままだという。

「伸厚さんは『新聞でフィリピンの文字を見るたびに弟のことではないかと食い入るように見てしまう。ずっと弟のことを忘れたことはない。心当たりの人は連絡してほしい』と情報を求めている」と新聞記事は結ばれている。

その後、伸厚さんは弟の広さんと再会できたのか、取材した記者に問い合わせてみた。結局、手がかりは見つからず、伸厚さんはご病気で二〇〇二年に亡くなられたそうだ。

トヨ子さんは浦賀の収容所の名前は覚えていないが、資料などから推察すると、民間人向けの鴨居収容所だと思われる。広さんが浦賀に着いた時期も十一月、木造の建物で、配給食に並ぶ行列のどこかで、一緒だったかもしれない。

トヨ子さんは両親とも沖縄出身の日本人だったが、フィリピン人女性と結婚した日本人労働者もいた。日本人である父親が亡くなったり、軍に徴用されて日本に帰還してしまったりした子どもたちは、母親と一緒にフィリピンで暮らした。強い反日感情のなかで、父が日本人であることを隠さないと生きていけず、経済的にも困窮し、辛酸をなめてきた。

こうした日比混血孤児については、本書でも写真を掲載させていただいた天野洋一さんの『ダバオ国の末裔たち』をはじめ、聞き書きやルポルタージュが出ている。日本にいる父親を探す活動もなされていて、二〇一〇年にはフィリピン残留二世で無国籍の九人が日本を訪れ、日本国籍取得に必要な情報集めをしたと「東京新聞」二〇一〇年八月六日「こちら特報部」が報じている。

フィリピンの人々が受けた日本侵略の深い傷についての聞き取りや記録も、参考文献に少し挙げたように刊行されている。当時の日本軍の行為を知ると、同じ日本人として身のおきどころがなくなる。一九八六年、私はミンダナオを訪れたが、日本人は見たくないというお年寄りもいたし、「よくフィリピンに来られましたね、怖くなかったですか」と尋ねる方もいた。それくらい、フィリピンの人々に対する日本軍の行為は惨かったのだ。

トヨ子さんの父親が入院したミンタル病院。そこで医師をしていた父をもつ丸山忠次さんは、『ダバオに消えた父』という本を書いた。スパイ容疑をかけられた父は日本兵に殺され、忠次さんや母親も銃剣で脅される。「日本人であろうと、すべてスパイ罪で殺せと命令されている」と叫ぶ日本兵は、現地人は赤ん坊も皆殺しにしたと言い放つ。幸い、冷静な小隊長が現れ、押し問答の末に忠次さんたちの命は助かったが、父の付き人をしていたフィリピン人は殺されてしまった。

ミンタル病院（『ダバオ開拓記』より）

忠次さん親子は、その後、トヨ子さんの妹・利子さんがいたタモガン山に逃げる。民間人を追い越して逃げて行く姿を見て、少年だった忠次さんは「兵隊さんたちは僕たちを守るために来たと言っていたのに、なんで助けてくれないの」と母に尋ねる。丸山親子も、ダリアオン収容所で何週間かを過ごし、一九四五年十月末か十一月初旬に引き揚げ船に乗った。呉港に到着する予定が、瀬戸内海に機雷が浮いていて危険だということで、鹿児島港に上陸したそうだ。

トヨ子さんも言うように、もし別の引き揚げ船だったら浦賀には上陸せず、鶯子先生との出会いもなかったわけである。

鶯子さんの妹・宣子さんと娘さんの渕上マリ子さんにも二〇〇九年六月にお話をお聞きできた。貴重な資料や写真を見せていただき、父親である益富政助さんを偲ぶ『ただ国鉄とキリストを愛して』という冊子を頂戴した。

宣子さんにお姉さんのことを尋ねると「若い頃の姉とは、ほとんど一緒に暮らしてないですからねえ。姉のことは、私より愛隣団の子どもたちのほうが、よっぽど知ってますよ」と笑っていらした。

青少年ホームがスタートしてから、妹さんの存在は、鶯子さんの大きな支えだっただろう。鶯子さんが亡くなったあと、経堂の青少年ホームにいた子どもたちは、宣子さんの里子ということで、引き続きそこに住むことになった。里親は夫婦という原則があるため、戦争で夫を亡くした宣子さんは里親になれないと最初いわれたが、成長した娘マリ子さんと一緒に育てるということで許可がおりた。当時、青少年ホームの運営については、東京都民生局の女性初の局長・縫田曄子さんとやりとりを

妹の宣子と鶯子(大正8年8月26日)

したそうだ。

鶯子さんの姪っ子にあたるマリ子さんは「トヨ姉ちゃん」とトヨ子さんのことを呼ぶ。マリ子さんも父がいないので、夏の竹岡キャンプに「おまけ」で行くなど、「一緒にみんなでガヤガヤと育ってきましたね」という。

「人は生まれじゃなくて、育ち。貧しくても環境を整えて、心豊かな生活をすることで、いくらでも変わることができるというのが鶯子さんの信条でしたね。楽しく暮らすための子どもの遊びや生活を考えるのがとても上手な、すばらしい人でした」と伯母のことを語ってくれた。

お目にかかった一年後、宣子さんは亡くなられた。

政助については、いくつかの研究論文で取り上げられていた。本書でも少し紹介したように、キリスト者と社会主義者が、廃娼運動をはじめとする社会運動を一緒に行っていたことも興味深い。

中国東北部に渡った娼婦たちの悲惨な様子を記録した政助のことが、森崎和江著『からゆきさん』に引用されていたことも、今回改めて知った。二十歳のころは読んでいても記憶に残らなかった益富政助という名前、その娘に育てられた女性と実際に会うことになるとは、三十年前の自分には想像もできなかった。歴史というのは、生きている市井の人たちのつながりなのだとつくづく感じる。

トヨ子さんや鶯子さんに導かれるようにして読むことができた政助の『公娼制度廃止論』は、当時の必要論（社会衛生上、未婚青年の性欲のため、婦女の貞操を守るため、貧民の救済のため等々）をあげながら、ユーモアさえ感じさせる明快さで反論を加えていた。弱い立場にいる人、多くを持たない人とともに考え行動することが、政助たちから鶯子たち、そしてトヨ子さんたちへと引き継がれているような気がした。

子どもたちを診てきた岩間哲郎ドクターは、成長した姿について、こう書いている。「みんなそれはさまざまな人生を送っているが、たった一つ共通しているのは、それぞれに、どこか鶯子さんの面影をとどめていることである。それがなつかしさに、わたしはいつも出かけて行くのである」

なお、本書の題名は、政助が鶯子に向けた言葉からとった（本書一四二ページ参照。出典は『ただ国鉄とキリストを愛して』）。「満身」ではなく「満心」という漢字は、政助の造語か、あるいは誤記なのかもしれないが、あえてそのまま使わせていただいた。

鶯子が秘書となり、トヨ子たちを浦賀から引きとるきっかけとなった賀川豊彦は、関東大震災のときの被災者支援の活動をいちはやく始めていた。

最初にトヨ子さんから鶯子先生のことをお聞きしたとき、キリスト教信仰にもとづく奉仕の精神について、偉いなあと感心はするものの、とても遠い存在に思えたのも事実だ。

それが、二〇一一年三月十一日の東日本大震災を経て、現場にかけつける友人・知人の姿、そして自分の思いと重ねられるようになっていった。

「いてもたってもいられない」「何かをせずにはいられない」という気持ちを、鶯子はずっと抱えていたのだろう。そのとき、どんな行動をとるか、何をするかは人によって異なるが、その根っこのところが、以前より身近に感じられるようになった。

引き揚げてきた孤児たちに冬用の服を差し入れた浦賀の人、愛恵学園の近所の人たちの手助け……「困ったときはお互いさま」という姿勢は、3・11後のボランティアの人たちと、似たりよったりなのかもしれない。

そういえば、鶯子の妹・宣子さんに子どもの頃のことを尋ねると「東北の地震かなんかだろうね、着の身着のままで子守りとして来た人に私の着物をきせて、その人がずっと最後までお手伝いさんでいてくれたね」と話していた。

トヨ子が引き揚げてきてDDTの白い粉をかけられたときの「私たちはきたないと思われている」という感覚も、原発事故から避難する人々が周囲の対応に感じることと、どこか通じているのではないかと感じてしまう。

もちろん、状況は大きく異なるが、親を失った、親と暮らせない子どもたちが育つ環境を考えるうえでも、戦争孤児たちの経験を埋もれさせてはいけないと思う。そして、天災は防げないとしても、「戦争はむごい、けっしてやってはいけない」という鶯子さんの言葉を、今こそかみしめたい。

この本がまとまるまでには、多くの方のお世話になった。既にお名前を挙げた益富宣子さん、渕上マリ子さんのほか、トヨ子さんと出会う機会をつくってくれた渡部稲造さん、本の形にしてくれたインパクト出版会の深田卓さん、装幀の宗利淳一さんに感謝いたします。

そして、遅々として作業が進まない私を、気長にやさしく見守ってくれた古謝トヨ子さん、どうもありがとうございました。

二〇一三年五月

大橋由香子

参考文献

『益富鶯子追憶集』私家版 一九七〇
『ただ国鉄とキリストを愛して――鉄道伝道に全生涯をかけた益富政助先生に捧ぐ』国鉄復員同志会編、一九七一
『小さいナイチンゲール――益富鶯子とその家族』K・C・ヘンドリックス、G・P・ヘンドリックス著、小花綾子訳、ヨルダン社、一九八二
『コッペパンの青春――新制度看護教育の初期に学ぶ』コッペパンの会発行、二〇一一
『公娼制度廃止論』益富政助著、廓清会婦人矯風会廃娼連盟、一九二九
『私の歩んできた道』益富政助著、益富政助先生鉄道奉仕55周年記念会、一九六三
「『満州』における『からゆき』救済事業――益富政助と満州婦人救済会をめぐって(1)(2)(3)」倉橋克人著、『キリスト教社会問題研究』56、57、58号、同志社大学、二〇〇八、二〇一〇所収
「鉄道省勤務の若年労働者の学びと教育情報――『鉄道青年』の分析を手がかりに」三上敦史著、『愛知教育大学研究報告』55、二〇〇六所収
「『廓清会』の成立――廃娼運動史の系譜」小倉襄二著、『人文学』97号、同志社大学人文学会編、一九六七所収
『浦賀港引揚船関連写真資料集―よみがえる戦後史の空白』浦賀地域文化振興懇話会編、横須賀市発行、二〇〇四

『浦賀港引揚船関連体験集――よみがえる戦後史の空白』中島三郎助と遊ぶ会発行、二〇〇六
『新横須賀市史 別編・軍事』横須賀市編集・発行、二〇一二

『ダバオ開拓記』古川義三著、古川拓殖株式会社発行、一九五六
『ダバオ国《クオ》の末裔たち――フィリピン日系棄民』天野洋一著、風媒社、一九九〇
『ダバオに消えた父』丸山忠次著、風媒社、二〇〇八
『フィリピン戦　逃避行――証言 昭和史の断面』新美彰、吉見義明著、岩波ブックレット、一九九三
『バギオの虹――シスター海野とフィリピン日系人の一〇〇年』鴨野守著、アートヴィレッジ、二〇〇三
『フィリピン占領――聞き書き』上田敏明著、勁草書房、一九九〇
『ワラン・ヒヤ――日本軍によるフィリピン住民虐殺の記録』石田甚太郎著、現代書館、一九九〇
「日本のフィリピン占領の遺産」リカルド・T・ホセ著（後藤乾一訳）『太平洋戦争』細谷千博ほか編、東京大学出版会、一九九三、所収
『日本占領下のフィリピン』池端雪浦編、岩波書店、一九九六（とくに早瀬晋三「『ダバオ国』の在留邦人」および巻末の年表）
『未完のフィリピン革命と植民地化』早瀬晋三著、山川出版社、二〇〇九
『現代フィリピンを知るための61章』大野拓司、寺田勇文編、明石書店、二〇〇九
「日比関係の50年を振り返る――人流のさらなる進展に向けて」津田守著、『国際人権ひろば』69号、二〇〇六年九月号 アジア太平洋人権情報センター 所収
『フィリピン――日本国際結婚――移住と多文化共生』佐竹眞明、メアリーアンジェリン・ダアノイ著、めこ

ん、二〇〇六
『歴史のおとし子――エリザベス・サンダース・ホーム10年の歩み』沢田美喜・文、影山光洋、影山雅英、影山和余・写真、読売新聞社、一九五八
『母と子の絆――エリザベス・サンダース・ホームの三十年』沢田美喜著、ＰＨＰ研究所、一九八〇
『からゆきさん』森崎和江著、朝日新聞社、一九七六
『バレーを踊る医学生』岩間哲郎著、近代文藝社、一九八八

＊出典を明記していない写真のうち、表紙、一〇六、一一五、一二九、一三一、一三三、一四八、一五三ページの写真は、古謝トヨ子さん提供。
その他は、『益富鶯子追憶集』から転載させていただきました。

鶯子（戸山小学校）

大橋由香子（おおはしゆかこ）
1959年東京都生まれ。上智大学文学部社会学科卒業。出版社等勤務を経て、フリーランスのライター・編集者。

◆著書
『ニンプ・サンプ・ハハハの日々』社会評論社、1995年
『からだの気持ちをきいてみよう』ユック舎、2001年
『キャリア出産という選択』双葉社、2001年
『同時通訳者　鳥飼玖美子』理論社、2002年
『生命科学者　中村桂子』理論社、2004年

◆共編著
『働く/働かない/フェミニズム』（小倉利丸共編）青弓社、1991年
『記憶のキャッチボール』（青海恵子共著）インパクト出版会、2008年
『福島原発事故と女たち』（近藤和子共編）梨の木舎、2012年

◆論文
「産む産まないは女《わたし》が決める」『講座女性学3　女は世界を変える』勁草書房、1986、のちに『新編日本のフェミニズム5　母性』岩波書店、2009に一部所収

満心愛《まんしんあい》の人《ひと》　益富鶯子《ますとみおうこ》と古謝《こしゃ》トヨ子
フィリピン引き揚げ孤児と育ての親

2013年7月10日　第1刷発行

著　者　大橋由香子
発行人　深田　卓
装幀者　宗利淳一
発　行　インパクト出版会
〒113-0033　東京都文京区本郷2-5-11　服部ビル2F
Tel 03-3818-7576　Fax 03-3818-8676
E-mail：impact@jca.apc.org
http:www.jca.apc.org/˜impact/
郵便振替　00110-9-83148

モリモト印刷